先生のための
百科事典ノート
この一冊で授業が変わる!

赤木かん子

A Handbook For Teachers Using An "Encyclopedia":The Ultimate Guide To Changing Your Class

はじめに

　大学図書館や公共図書館の新米司書は、お客さまになにかたずねられて、自動的に体が百科事典のほうを向くようになったら、ようやくタマゴじゃなくなったね、といわれます。
　図書館では、
"なにかきかれたら、まずは百科事典を見に行くこと！"
と、いちばんはじめに先輩に教えられるのですが、新人は、ついつい面倒だなあ、と思って百科事典を抜かして、魚なら魚類、鳥なら鳥類、の棚に直接探しに行ってしまいます。
　で、結局行き詰まって百科事典を見にもどる、という苦い経験を何度かして、ようやく面倒くさいけど、とにかくいちばん最初に百科事典を見に行くほうが、急がば回れで早いんだ、と体で！　実感するようになります。
　そうしたらはじめて無意識に体が百科事典のほうを向く……ようになり、タマゴからヒヨコになるのです。
　このように、図書館で長く働いていると、なにか調べるのに百科事典を使わないなんてありえない、というか、使わないことを、そもそも思いつかない状態になるのですが、長いこと、日本の学校では教科書以外の図鑑や統計や百科事典を使わない

授業をしていたので、調べるときにはまず百科事典！ ということが定着しているとはいえません。

けれども、ようやく2011年度の新しい小学校の教科書から、百科事典や図鑑の使いかたが載るようになりました。

2012年度からの、新しい中学校の教科書にも百科事典が載りました。

でも、子どもたちはまだまだ不慣れです。

なんとか、引きかた、まではクリアーしても、どういうときに、どういうふうに百科事典を使えばいいのかよくわかっていないのです。

この本では、その百科事典をどう使うか、を、詳細に解説するとともに、同じく情報の宝庫である、インターネットの使いかたと、調べ学習のすすめかたについても解説してみました。

お役立てくだされば幸いです。

目 次

はじめに ……… 2

第1章 百科事典の使いかた ……… 7

調べ学習は、百科事典からはじまる ……… 8
なぜ、百科事典なのか ……… 12
百科事典の引きかた1 全部で1冊 ……… 20
百科事典の引きかた2 背・つめ・はしら ……… 22
百科事典の引きかた3 索引巻 ……… 26

【練習ワーク①】百科事典を引いてみよう ……… 28

そもそも、百科事典とは ……… 30
≪古今東西の百科事典≫ ……… 34
子どものための百科事典 ……… 36
≪子どものための百科事典≫ ……… 39

第2章 調べ学習AtoZ テーマ決めから報告まで ……… 41

報告とはなにか 調べ学習のスタートとゴール ……… 42
テーマの決めかた ステップ1 自分の知っていることだけを使うやりかた ……… 44
テーマの決めかた ステップ2 百科事典を使うやりかた ……… 49
テーマの決めかた ステップ3 専門書とインターネットも使うやりかた ……… 52
調べる前に 戦略を立てる ……… 54
本で調べる ……… 55

★【練習ワーク】①〜④のページは、同一の家庭、学校、図書館などでの教育目的に限り複製自由（コピーフリー）です。
その他のページの複製は著作権法に依ってください。

本の使いかた1　目次と索引………62

【練習ワーク②】目次と索引を見てみよう………64

本の使いかた2　出典と奥付………66

【練習ワーク③】出典を書いてみよう………72

インターネットの使いかた1　単語に切る………74
インターネットの使いかた2　オンライン百科事典………76
インターネットの使いかた3　使えるホームページを探す………78

≪著作権の侵害や名誉棄損は犯罪です！≫………80

報告書を書く1　初級編………82

【練習ワーク④】報告書を書こう………88

報告書を書く2　中級編………90
報告書を書く3　上級編………95
まとめ　学年ごとの授業スケジュール………100

おわりに…………102

調べ学習の授業が変わる！ブックガイド………106
参考文献………108
索引………110

第 1 章
百科事典の使いかた

CHAPTER.1 *How to use an encyclopedia*

第1章 百科事典の使いかた

調べ学習は、百科事典からはじまる

　なにかを調べるとき、まずは"百科事典から"ということは、よくご存じだろうと思います。
　でも、なぜ、いちばんはじめに百科事典を見るの？
　と子どもたちにきかれたら……。
　こう説明してください。

　理由は三つあります。
　理由の一つ目は、
　定義を読むため
です。
　百科事典の項目は、見出し語のあと、その見出し語の定義からはじまります。
　定義、というのは"義を定める"と書きます。義、は意味、ということです。だから、定義、は意味を定める、という意味になります（同音異義語、の義、ですね）。
　たとえば、"温室効果"について調べたいなら、まず"温室効果とはなにか？"を知らないと考えることができません。
　なにかを調べよう、考えよう、と思ったら、いちばんはじ

📖 百科事典の項目

見出し語　　　　　解説文　　　　定義

おんしつこうか　温室効果　地球の大気にふくまれるガスが温室のようなはたらきをして、地球の表面を保温している状態。太陽からの可視光線（目にみえる波長の短い光）は、大気を素通りして地表面に達し、地表面で吸収される。可視光線は、地表面をあたためたのち、目にみえない光、すなわち赤外線（熱線ともいう）として地表から宇宙へと放射される。大気中には、二酸化炭素を主とする温室効果ガスとよばれる気体があり、それらがこの赤外線を吸収するために大気はあたたかくなる。

地球全体の温度は、太陽からの光を受けることと、地表が放射する赤外線を吸収する大気によって、平均約15℃にたもたれている。温室効果がないと、地球は生物がすんでいられないほど冷たくなる。しかし、近年、二酸化炭素の濃度の上昇で保温効果が強くなりすぎ、地球の平均気温が上昇して世界各地で異常気象が発生している、と考えられている。 ⇨地球温暖化　情 環境 82

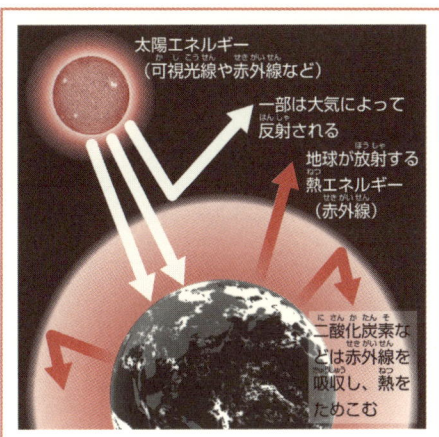

温室効果

必要に応じて図・写真・イラストなど

『総合百科事典ポプラディア新訂版』2巻 247ページより

めにするのは"自分が調べなければいけない言葉の意味を知る（つまり定義を押さえる）"ことなのです。

　定義が書いてあるのは「国語辞典」と「漢字辞典」と「百科事典」ですが、そのなかで"できごと"について書いてあるのは百科事典だけです。

　だから、調べるときにはまず、百科事典！　なのです。

　理由の二つ目は、
　解説を読んで自分の知っている知識が正しいかどうかを確認するため
　です。
　それくらい知っている、と思っても、もしかして自分のうろ覚えの知識が間違っている可能性だってありますから、その知識が正しいかどうか確認するのです。

　三つ目は、
　自分の知らない新しい知識を手にいれるため
　です。

百科事典は、なるべく総合的に全体を網羅した解説をつけようと考えられたものです。

　なので百科事典の解説を読むと、その言葉について、全体をつかむことができます。

　もちろん記述が短いので専門書のように詳しくは書けませんが、そのかわりどこも欠けた部分がないように注意して、まんべんなく解説してくれるのです。

　ときには、百科事典の記述を読んだだけで、自分が探している答えが見つかることもあるのですが、百科事典は決して

　"答えを探すためだけに読む"のではありません。

　というわけで、今紹介してきた、三つの理由、

① 定義を読むため→考える土台をつくる

② 自分の知識を確認するため→思い込みの訂正

③ 新しい知識を得るため→視野を広げる

　これが、

　"調べものをするときに、なぜ、

　いちばんはじめに百科事典を見るの？"

　の答えです。

なぜ、百科事典なのか

　調べるときは、まず、百科事典を見ましょう、と、授業で話したら、でも、なんでそんなに百科事典にこだわるの？　調べるときにはネット使えばいいじゃん！　と、今の子どもたちならいうかもしれません。

　ネットがあれば、本なんて、いらないよ、と――。

　インターネットは本当に便利です。なんでも教えてくれるように思えます。そうして、もちろん、便利なものは使えたほうがいいのです（使えないから使わないのと、使えるけれども使わない、の差は大きいです）。

　でも、インターネットで得た情報のほとんどは自分の発表や報告書には使えない！　情報だということは、しっかり押さえておかないといけません。

　個人のブログや民間企業のホームページなどの情報は基本的に使えません。

　ですから、インターネットでキーワード検索をして、あっ、出てきた！　といって、その情報をそのまま使ってはいけないのです。

　なぜか？

CHAPTER.1 *How to use an encyclopedia*

第1章

【"ウラ"がとれるデータでなければ使えない】

　これは、今私が小学校４年生以上に説明するときに使っている例ですが……。

　例えば、あなたの友だちが"あの店いつ休みかなあ"ときいてきたとしましょう。
　あなたはさっそくインターネットで調べて、休日が書いてあったのを見つけ、親切に"水曜日だよ"と教えてあげます。
　ところが、あなたを信じて、友だちが木曜日に行ってみたら、休みが木曜日に変更になっていた……としたら、あなたと友だちのあいだは気まずくなりませんか？
　"だってネットに書いてあったもん！"と、もう一度見てみたら、ネットも木曜日に書き換えられていた……としたら？
　インターネットの特徴は、
　情報の訂正が素早くできること、
　裏返すと、
　書き換えられた情報はなくなってしまうこと、
　です（本の特徴は、一度印刷されたものは変更がきかない、

だから証拠として残ること、裏返すと、情報の書き換えが遅いこと、です)。

インターネットの情報は、個人が、自分用に使うのならなにを使ってもかまいません。

なぜって、その店に行ってみて休みだったら、自分でがっかりすればいいだけですからね。

でも、それを人にいってしまったら……。

あなたが嘘をついた、ことになってしまいます。

ではそういうときにはどうすればいいのでしょうか。

お店なら、ホームページには電話番号が出ているでしょう。電話して、いつが休みかききます。そのあとに必ず、

"あなたのお名前は？"とききます。

そうして友だちには

"その店の佐藤さんって人が水曜日が休みだっていってたよ"

というのです。

こういう作業を"ウラをとる"といいます。

自分の知ったことをほかの人にいうのなら、必ずあなたが自分で確認した情報でないといけません。

または、間違っていたときに誰かほかの人が責任を取ってくれる情報でないといけません。
　人は、自分のいったことには責任をとらなくてはならないのです。

　子どもたちは人間関係にはとても敏感ですから、この話で、ちゃんと確認していない情報を他人に流してはいけない、ということを納得してくれます。
　学校の授業で発表したり、報告書を書くのもこれと同じです。
　ウラをとれない情報は、報告に使ってはいけないのです。
　インターネットを使ってはいけないのではありません。
　でも、正しく、使わないといけないのです。
　百科事典は、もしそのなかの記述が間違っていたら、作った出版社が責任をとります。
　百科事典だけでなく、本と新聞もそうです。
　どんな本でも、流通している本なら、書いた人間や出版した会社の名前と住所が書いてあります（奥付→68ページ）。
　調べものをするのに、新聞を使え、本を使え、というのは、

新聞と本には責任者の名前が書いてあり、万が一のときには責任をとってもらうこともできるからです。

※ "ウラをとる" には兄弟がいます。"改竄（かいざん）くん" と "捏造（ねつぞう）くん" です。自分に都合が悪いからといって、データを書き換えることを改竄、でっち上げることを捏造、といいます。両方とも絶対にしてはいけない、ということもなにかの折りに話してください。

【許可をもらえる情報でなければ使えない】

調べるときにはインターネットではなくて、本を見なければならないもう一つの理由は、著作権です。

著作権というのは、ある人が考えて作り出したものは本人だけが使えるという権利です。なので、ほかの人は本人の許可なく、勝手に使ってはいけません。

著作権を守るための "著作権法" という法律もあります。

法律ですから、これを守らないのは犯罪です。

人の著作権を無視して勝手に使い、その人の権利を侵すことを、著作権の侵害、といいます。

ですから、相手に連絡ができ、その情報を使ってもいいかどうか、きけない情報は使ってはいけないわけです。

例えば、インターネットに無数にある個人のブログのほとんどは、誰が書いたものかわからず、従って連絡も取れず、許可を得ることもできません（責任もとってくれません）。
　そういう情報は、自分の報告に使ってはいけないのです。
　国や、その関連する機関が公開していて使ってもいいことがはっきりしている情報（統計など）は使えます。
　使用許可がいるものもあれば、いらないものもあります。
　営利企業である会社が作っているホームページには住所や連絡先が書いてあります。でも普通、営利企業は嘘はいわないとしても、自分に都合の悪い情報は流さないでしょう。ねずみ講やマルチ商法などの会社のホームページだって、ネットのなかにはあるのです。
　情報は、信頼できる情報を使わなくてはなりません。
　インターネットの世界には"ウィキペディア"という、誰でも利用できる世界規模の百科事典がありますが、ウィキペディアの情報を自分の報告書にそのまま使うことはできません。
　ウィキペディアは誰でも署名なしで書き込みをすることができます。自分に有利な情報や、嘘の情報を入れることも不可能

ではありません。

ウィキペディアは

"自分でその情報を使う人用に作られた百科事典"

なのです。

インターネットに載っているから"正しい"ということにはならないのだ、ということを、どうぞ、納得するまで話してあげてください。

※ウィキペディアの"免責事項"のページには以下のように書かれています。
「本サイトは、あなたに対して何も保証しません。本サイトの関係者(他の利用者も含む)は、あなたに対して一切責任を負いません。あなたが、本サイトを利用(閲覧、投稿、外部での再利用など全てを含む)する場合は、自己責任で行う必要があります。
・利用の結果生じた損害について、一切責任を負いません。
・あなたの適用される法令に照らして、本サイトの利用が合法であることを保証しません。
・コンテンツとして提供する全ての文章、画像、音声情報について、内容の合法性・正確性・安全性等、あらゆる点において保証しません。
・リンクをしている外部サイトについては、何ら保証しません。(以下略)」
「ウィキペディア (Wikipedia) は、無償のボランティアの参加者の貢献によって執筆、編集されている百科事典であり、その編集方針、百科事典作成プロジェクトとしての運営方針などもボランティアの議論によって決められています。プロジェクトへの参加資格の制限はなく、(中略) ほぼ全てのページが、いつでも、誰にでも書き換えられるような状態にしてあります。」
引用元:「Wikipedia: 免責事項」『フリー百科事典　ウィキペディア日本語版』。最終更新 2010 年 7 月 14 日 (水)10:34UTC、URL: http://ja.wikipedia.org/
(2012 年 1 月 24 日閲覧)

【子どもたちはルールを知らない】

　もちろん、学校の発表で、間違った情報を流しても、他人の発表を自分のもののように発表しても、訴訟沙汰にまでなる可能性は低いと思います。

　でも学校や図書館の情報教育は、そういうことはしてはいけない、と教えなければならない立場にあります。

　見過ごしたり、是認するのはまずいでしょう？

　人間が作ったルールは（つまりは、法律がその最たるものですが）教えられなければわかりません。

　学校にいるあいだはよくても、その後、世間に出てそういうことをしたら、下手したら、本当に犯罪者です。

　知らなかった、ではすまなくなるでしょう（→ 80 ページ）。

　子どもたちは、教えられなければ"知らない"のです。

　他人のデータやアイデアを、まるで自分が考えたことのように使ってはいけない、ということと、ウラがとれる情報以外は使ってはいけない、ということを丁寧に話してやってください。

百科事典の引きかた 1
全部で1冊

　では、百科事典の使いかた、に、話をもどしましょう。

　百科事典でいちばんはじめにわかっていただきたいことは、百科事典は何冊もあるように見えますが、本当は1冊しかない、ということです。

　百科事典はそもそものはじめから、分量のとても多いものでした。政治、歴史、天文、生物、美術、文学などを全部入れていくと、どうしたって分厚くならざるをえません。

　1世紀に作られた『博物誌』ですら、もうすでに37巻あるのです（→30ページ）。

　それを1冊に製本したら、もう二度とその本を持って動かすことはできなくなるでしょう。

　1725年に完成した、清の康熙帝が作らせた『欽定古今図書集成』なんて、1万巻も！　あるんですよ。

　ですから、もちろん1冊だけの百科事典、というものもあるのですが、ほとんどの百科事典は"分冊（分けて製本してあるもの）"になっています。

　特に日本と中国の本は、和紙に穴を開けて糸で綴じて作って

いましたから、穴を開けられなくなるほど分厚くなったら、そこでさっさと綴じて、続きは次の巻にまわしたので、本、というものは百科事典に限らず、基本的に分冊でした。

『源氏物語』も『南総里見八犬伝』も何十巻もの分冊です。

でも今の学校図書館にある本のほとんどは単行本（1冊でまとめてあるもの）なので、分冊、の解説をしないと、子どもたちは百科事典の使いかたがわかりません。

大人はこういうところは説明されなくてもわかるのですが、子どもはこういうところでつまずいて、そこから先、全部わからなくなってしまうことが多いので、この説明を、はしょらないでください。

こういう"全体で1冊"つまり、1冊は全体の部分に過ぎない、という本は、巻、で呼びます。10巻、というのは、この本には仲間がいて、これはその10番目の本なんだ、という意味なのです。なので、分冊の百科事典には、背中のところ（背）に数字をつけて、順番を理解できるように工夫しました。

また、五十音順に項目を並べている百科事典には、入っている項目のはじめの文字も書いてあります。

百科事典の引きかた 2
背・つめ・はしら

　それでは、例として、『総合百科事典ポプラディア新訂版』（ポプラ社）を使って"かいけつゾロリ"を引いてみましょう（本のなかを探すことを"引く"といいます）。

　ここからは、子どもに実演する通りに書きます。右ページの写真を見ながら読んでください。

　まずは、調べたいことがどの巻に入っているか"背"を見て考えます。背にはその本に入っている言葉のはじめの文字が書いてあります（"かいけつゾロリ"は2巻ですね）。巻が決まったら、その巻の、背とは反対側を見ます。

　この、ページが開く側を"小口"といいます。小口には探しやすくするために、色分けされたマークがついています。

　これを"つめ"といいます。つめの形に似ているからでしょう（→25ページの図）。分厚い本のなかを早く探せるように、昔、誰かが、考えてくれたわけです。

　2巻のつめは、"う　え　お　か"の順ですから、"かいけつゾロリ"は4番目のつめに入っています。

　では、この4番目のつめのなかで"かいけつゾロリ"は、は

CHAPTER.1 *How to use an encyclopedia*

第1章

 背とつめ

『総合百科事典ポプラディア新訂版』全12巻

背

小口

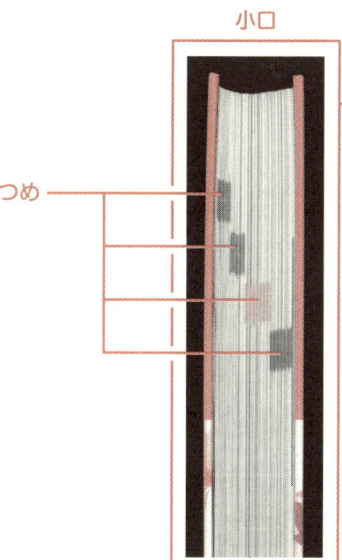

つめ

23

じめとまんなかとおわりのどこにあるか……？

"か"の次の文字は"い"ですから、はじめのほうですね。

なぜかというと、1文字目の"か"も、2文字目の"い"も五十音順に並んでいるからです（中学生でも、ここでひっかかる人がいますが、勘違いしているだけなので、説明すればわかってくれます）。

"か"のつめのはじめのほうを、てきとーに開けます。

ページのいちばん上を見ます。ひらがながついていますね。

ここを"はしら"といいます。はしらには、左のページのいちばん上の見出し語と、右のページのいちばん下の見出し語の、それぞれはじめの4文字が書いてあり、なかをいちいち読まなくても、はしらだけ追いかけていけばいいようになっているのです。これも早く探せるように、誰かが考えてくれたのです。

はしらを見て、自分が探している見出し語が、そのページよりも前にあるか、後ろにあるかを考えます。

はしらが"かいぞく"だとしたら、"かいけつゾロリ"はもっと前だということになりますね。

前のほうをめくっていくと……ほらあった！

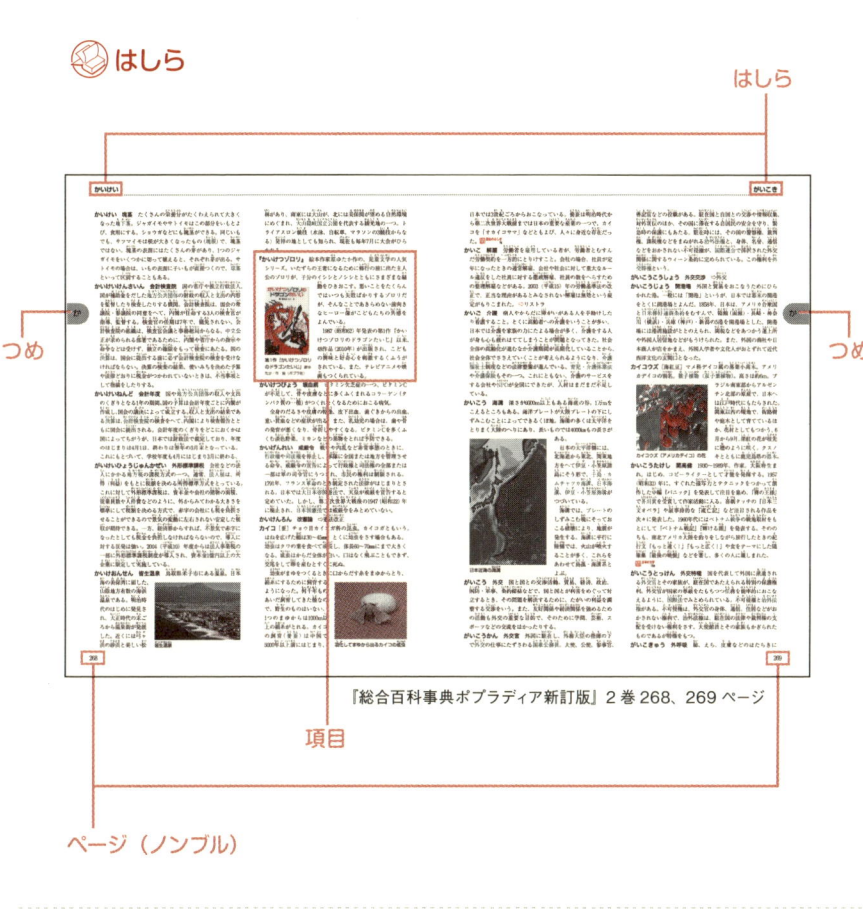

『総合百科事典ポプラディア新訂版』2 巻 268、269 ページ

 そうして、もう一つ大事なのは"かいけつゾロリ"を"ゾロリ"で探しても出てこないことです。百科事典の見出し語は基本的に正式名称です。ですから"かいけつゾロリ"も"ゾロリ"ではなく"かいけつ……"で引かないと出てこないのです。

 と説明すると、子どもたちは、たいていわかってくれます。

百科事典の引きかた 3
索引巻

　百科事典には「索引」という巻があります。
　索引、というのは、その本で使った重要な言葉、を五十音順に並べ、その言葉がどのページに載っているか、を書いたものです。
　索引、の"索"はたくさんの糸を束ねたところ、という意味で、"引"は探す、ですから、索引という言葉の意味は、束ねた糸のなかを探す、ということになります。
　言葉に数字がたくさんついていれば、そのページ全部にその言葉が載っている、ということで、また、そのなかで特に太い数字で書いてあるページがあれば、そこがいちばん詳しい、という意味になります。
　また② 268 と書いてあるのは 2 巻の 268 ページだという意味で、調べもの系のシリーズものにはよくある形ですが、子どもたちは意味がわからなくて、よくここで引っかかります。
　矢印（→）は、関係のある言葉、という意味ですので、この索引を見るだけである程度、その言葉の意味をおしはかれます。
　ポプラディアの索引はそれまでの 11 巻全部の索引です。
　なかを開けて見せると、子どもたちからたいてい驚きの声が

索引巻

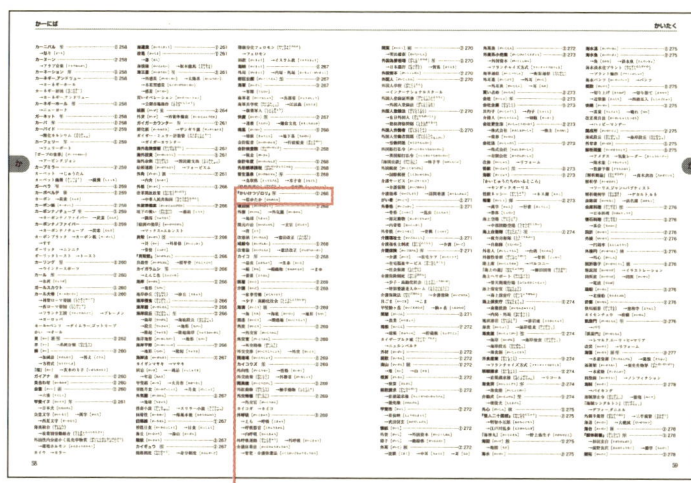

『総合百科事典ポプラディア新訂版』12巻【索引】58、59ページ

『かいけつゾロリ』[写] ……………② 268
→原ゆたか〔はらゆたか〕

あがります。

　こんな小さな文字で、イラストもなしに、こんなにびっしり文字だけ、の本なんて見たことがないですから。

　好きな人はこの索引の巻を見て楽しみます。

　言葉から言葉に飛んでいくのは楽しい遊びだからです。

　そうして、もし、探したい言葉が、索引を見ても見つからなかったら、その言葉はその本に載っていないのだから、その本はしまって、ほかの本を探しに行くように、いってください。

【 練習ワーク① 】百科事典を引いてみよう

対 象	小学校3年生〜。一人ずつ。
内 容	百科事典を引いて、調べた言葉の定義を書き抜く。 定義でわからない言葉の意味を、辞書で調べる。
目 的	①百科事典の引きかたを知る。 ②引いた項目の、どの部分が"定義"なのかを理解する。 ③他の辞典と百科事典の違いを理解する。

★ポイント

①引く言葉は指定せず、本人にまかせる
百科事典を人数分用意できない場合は同じ言葉では引けない。引きたがる言葉は本人に知識がある場合が多く、項目内容が理解しやすい。ただし、それが百科事典に載っている言葉かどうか、児童・生徒が決めた段階でチェックしておくこと。

②辞書を活用して定義の内容を理解する
定義のなかでわからない言葉や事柄があれば書き抜き、意味を調べる。言葉を調べる前に「単語に切る」という考えかた（→74ページ）を教えておく。

※小学校3年生のクラスでこの授業をやったとき、"品種群"が辞書にない！ という子がいました。でも、"単語に分ける"を解説すると、ちゃんと"品種"と"群"で分け、一つひとつ調べて意味を足してごらん、というと"おおっ！"といってクリアーしました。
　また、"マタギ"がこの国語辞典には載っていない！　という子どもがいたので、そういうときにはもっと大きい辞書を見ればいいんだよ、と『広辞苑』（岩波書店）を持っていったところ、"すげ〜っ！"と驚かれました。
　男子は特に、大きくて強い！ ことに感動します。
　そうして、"そうか！ 大きい辞典にはそれだけたくさん言葉が載っているんだね！"と、自分で発見して、感動していました。

★調べるときに使う四つの辞典
国 語 辞 典：日本語を調べるとき
漢 字 辞 典：漢字を調べるとき／熟語は一文字ずつ調べ、意味を足すとわかる
百 科 事 典：言葉でなく、事柄を調べるとき
専門の辞書：上記三つの辞典に載っていない専門的な用語を調べるとき

百科事典を引いてみよう
ひゃっ か じ てん

年　　組　　番
_____

引いた言葉
こと ば
_____

定義を書きましょう
てい ぎ
_____

_____

_____

_____

そのなかでわからない言葉があれば書いて調べましょう
しら

_____　　_____

　　　　　　　　　　　　_____

　　　　　　　　　　　　_____

　　　　　　　　　　　　_____

_____　　_____

　　　　　　　　　　　　_____

　　　　　　　　　　　　_____

使った百科事典『　　　　　　　　　』　巻　　ページ
つか　　　　　　　　　　　　　　　　　　　　かん

使った辞典『　　　　　　　　　』　ページ
　　　じ てん

そもそも、百科事典とは

　百科事典は、人類が手に入れた知識を総合的に見渡せるように、そうして、必要なときにはその知識を引き出せるように、と考えられたものです。
　人類は本当に賢い生きものです。
　手に入れた知識が増えてきたら、それをひと目で見渡せるようにまとめたものがあったら便利だ、ということを思いついたのですから。
　世界でいちばん古い百科事典は、1世紀（77年）に、古代ローマの博物学者、大プリニウスの作った、全部で37巻もの『博物誌』だそうです。この本は天文学、地理学、薬学、植物学、動物学などに分かれていて、なんと、すでに、地球は丸い、と書いてあります！　そうしてできる限り、論理的に書こうと努力しているのは驚嘆に値します。
　知識が増えてきて手におえなくなってきたから整理しよう、と考えた天才はどこにでもいたようで、日本でも平安時代という凄く早い時期に（なんと831年！　ですよ）天皇の勅命で1000巻！　の類書（主に中国で百科事典を呼んだいいかた）、『秘府略』というものが作られています。凄いね。

CHAPTER. 1 *How to use an encyclopedia*

第1章

　中国で有名なのは明代に作られた『三才図会』です。……それを日本の寺島良安という医者がまねて作った『和漢三才図会』（1715年跋）も質の良さで有名……。

　ヨーロッパでもイギリスで1728年にチェンバーズ『百科事典』が作られ、それを参考にフランスで1751年からディドロ『百科全書』が作られます。そのあとはドイツでもアメリカでも、続々と百科事典は出版されるようになります。

　作るのに大金がかかるので、百科事典はいままでに何社もの出版社を破産させてきたのですが、それでも、知の世界を見渡せるものが欲しい！　と情熱を燃やす人びとが、いつの時代にもいるんですよね。

　日本でも明治になってから近代的な百科事典が作られはじめましたが、この百科事典、という単語は平凡社が『大百科事典』全28巻（1931—1935）を作ったときに、創業者の下中弥三郎が作った造語、だそうです。

　この平凡社版以降、日本では百科事典、という造語が定着しました（字典も辞典も事典も日本語では同じ発音なので、区別するときにはそれぞれ、もじてん、ことばてん、ことてん、と

いういいかたをするときもあります)。

　中国では昔は"類書"といっていましたが、いまは"百科全書"と呼ぶそうです。

　英語で百科事典のことは encyclopedia といいますが、これはギリシャ語 enkỳklios paideia（全円的な教育）からきたラテン語 encyclopaedia が元になっているそうで、もともとは、すべての知識をまんべんなく総合的に教育したい、というギリシア哲学者たちの理想なんだそうです。

　確かに全ての知識はどこかでつながっていきますね。

　日本で 1870（明治3）年に西洋帰りの哲学者、西周が、私塾で講義したときのタイトルが"百学連環"ですが、これは、encyclopedia の直訳ですね。

『百学連環』(第一総論) 1870年

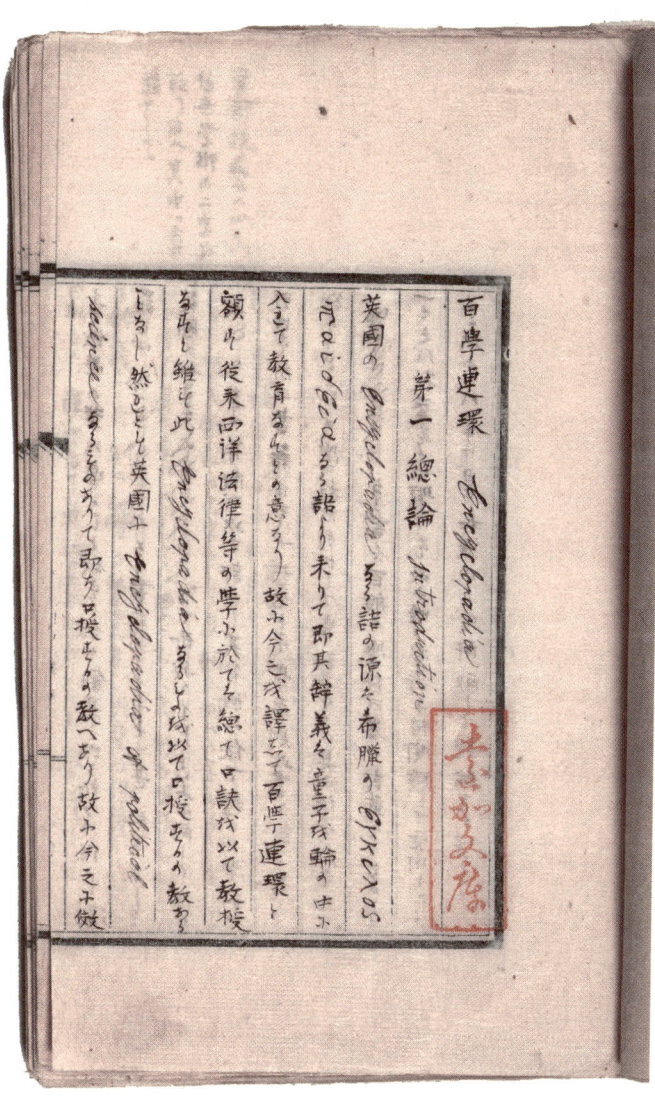

西周が私塾育英舎において行った特別講義を記録した稿本。塾生の永見裕筆。"encyclopedia"という語の解説が見える。

所蔵:「西周関係文書」国立国会図書館憲政資料室

古今東西の百科事典

大プリニウス『博物誌』
(ニコラ・ジェンソン印行)
1472年 イタリア

チェンバーズ『百科事典』
1728年 イギリス

ディドロ『百科全書』
1751-1780年 フランス

『ブリタニカ百科事典』
1768-1771年 イギリス

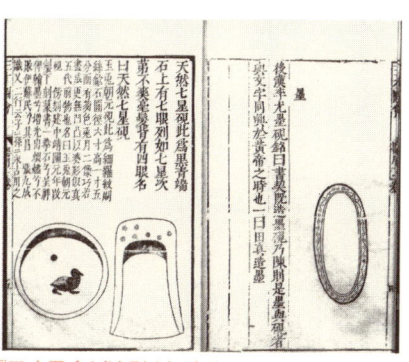

『三才図会』(清刊本) 清代 中国

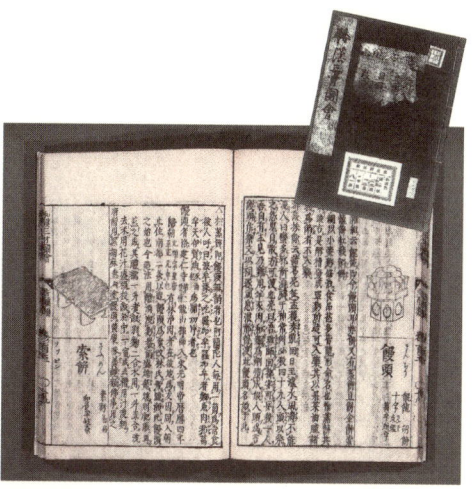

『和漢三才図会』
1715年跋 日本

平凡社『世界大百科事典』
1955-1959年 日本

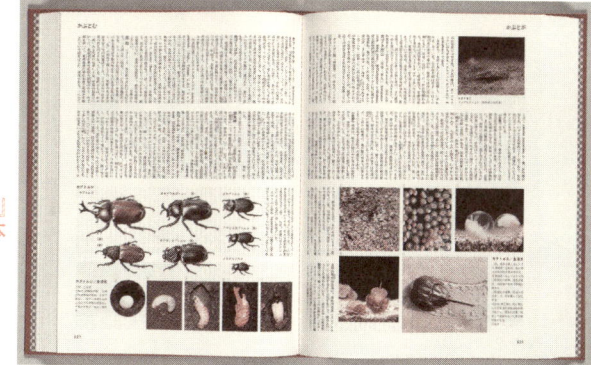

小学館『日本大百科全書』
1984-1989年 日本

所蔵：『三才図会』東京大学東洋文化研究所、『和漢三才図会』『ブリタニカ百科事典』国立国会図書館、それ以外はすべて印刷博物館

子どものための百科事典

　では子どものための百科事典はどうだったかというと、ヨーロッパの列強各国が、ようやく子どもの教育に目をつけ、教育方法を模索しはじめた18世紀が黎明期だったと思います。

　大人用の百科事典が作られるようになると、すぐに子どもたちの教育のためにも、子ども用の百科事典が必要だ、という考えも生まれたのでしょう。

　世界ではじめて、子どものための百科事典が作られたのはドイツです。1792年から1830年にかけて約40年もの時間をかけて、ベルトゥーフの全12巻の百科事典が作られました。

　日本だと、江戸時代ですね。

　この事典は名前を『子どものための絵本：動物、植物、草花、果実、鉱物、衣装その他各種の学ぶべきものを、自然、芸術、学問の領域から集めた楽しい本』という長い名前ですが、内容がよくわかるでしょう？　すでに挿絵はカラーで、本当に美しい贅沢な百科事典です（東京・上野の国際子ども図書館が所蔵しています）。

　日本では1929年に、なんと！　文藝春秋社から『小学百科辞典』（ここではまだ辞典という字が使われています）が出版

されました。

　なぜ文藝春秋社かというと、これを作ったのが、社長の菊池寛だったからです。菊池は子どものための優良な本が欲しい、と芥川龍之介を口説いて、二人で『小学生全集』を立ち上げました。はじめのうちは『小公子』や『ジャングルブック』などの文学中心でしたが、そのうち歴史や科学の本も出すようになり『小学百科辞典』はその、64巻目として出されたのです。

　近代的なものでは1967年の『玉川児童百科大辞典』（玉川大学出版部／編　誠文堂新光社／発行）が有名です。

　ただ、そのすぐあと、世界は急激に変化しました。

　1970年を境に、カラーテレビ、初期のコンピューター、ソニーのウォークマン、コンビニ、ファストフード、コピー、ファックス、テレビゲーム（十字キー）、ノートパソコン、ケータイが登場・普及して、世界はめまぐるしく変化してきました。

　本は、いったん刷られてしまうと、時間が止まります。

　きのう刷られた本にはきょうのできごとは載りません。

　なので百科事典は絶えず、改訂され続けなければならない運命にあります。

現役でいようと思えば、百科事典は作り続けられ、買い替えられ続けなくてはならないのですが、日本では子ども用の百科事典に最先端の情報を入れ続けることはできませんでした。
　2002年にようやく！　新しい百科事典の『総合百科事典ポプラディア』（ポプラ社）が作られました。それでも、2002年からの世界はコンピューターとケータイが普及したためもあり、劇的に変化し続けました。
　なので、ポプラ社は、2003年からのことをまとめて、2005年に1冊の補遺版『総合百科事典ポプラディア　プラス1―2005―補遺』を出し、そのあたりでインターネットが身近になってきたので、2006年にオンライン版の『ポプラディアネット』を出しました。
　そうして2011年に、この9年間分をミックスして『総合百科事典ポプラディア新訂版』を出しました。
　いくら子どもたちが百科事典を使いたくても、使える百科事典がなければ、使うことはできません。
　やっと新しい情報が入っている、今の時代に使える百科事典ができたのです。

子どものための百科事典

『小学百科辞典』
(文藝春秋社)
1929年 日本

ベルトゥーフの百科事典
(国立国会図書館国際子ども図書館所蔵)
1792-1830年 ドイツ

『玉川児童百科大辞典』
(玉川大学出版部／編　誠文堂新光社／刊)
1967年 日本

『総合百科事典ポプラディア
新訂版』(ポプラ社)
2011年 日本

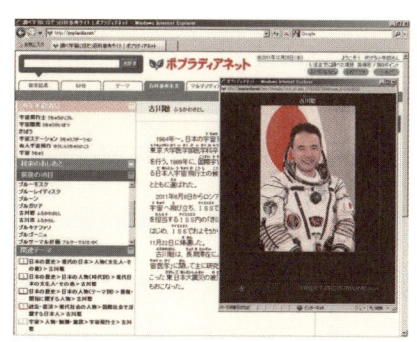

『ポプラディアネット』http://poplardia.net/
(ポプラ社) 2006年〜 日本

第 2 章
調べ学習 A to Z
テーマ決めから報告まで

CHAPTER.2 *Reference studies A to Z : From theme selection to reporting*

報告とはなにか
調べ学習のスタートとゴール

　なんでもそうですが、いちばんはじめはとりあえず、全体像を把握できるようになることが大切です。

　子どもは、細かいことをいちいち解説していると、全体がわからなくなるので、まず"報告とはなにか"から"報告書の書きかた（ここがゴールですね）"まで一気に駆け抜け、それから、一つずつ詳しい説明を足していくのです。

　さて、"調べ学習をする"を具体的にいうと

"報告をする"

ということになります。

　なにかをするときに、いちばん先にやることは、自分がしなくてはいけないことの"定義"を押さえることです。

　ですからまず"報告"とはなんなのか、がわからなければとりかかることができません。

　では、報告とはどういうことでしょう？

　"報告"のように、漢字で作られている言葉は、耳できいて、瞬間的に意味がわかるとは限りません。

　慣れないと"ホウコク？"のように音でしかきこえないのです。

そういうときには、ひらがなの言葉に翻訳すれば意味がわかります。

報告は、
　　　① "わからないこと" を "調べ" て
　　　　　↓
　　　　つまり、謎！
　　　② "答え" を　見つけ
　　　③人に知らせる　　━━━▶ 発表
　　　　　　　　　　　　▶ 報告書

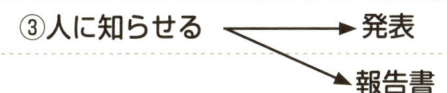

となります。
"わからないこと" をもっと子どもたちにわかる言葉でいうと "謎" ですから、報告に、絶対に必要なものは、謎と答えだということになります。

この謎、のことをほかの言葉でいうと "テーマ" という言葉にもなります。

なので次の課題は、

テーマをどうやって考えるか、

になるのです。

テーマの決めかた　ステップ1
自分の知っていることだけを使うやりかた

　テーマを、まるで天から降ってきた……とでもいうように、思いつきで決めると、そのテーマの全体像がわからないので、最後まで自分がなにをやっているのかよくわからないまま、作業をすることになります。

　テーマの決めかたは、数学の公式のように、その公式にあてはめれば、誰でも簡単にできるやりかた、があります。そうしてテーマの決めかた、には、ステップ1からステップ3まであります。もう6年生なのだから、中学生なのだから、といきなりステップ2やステップ3で解説してしまうと、必ず途中でわからなくなるので、絶対にステップ1はとばさないで、ここからはじめてください。

　とっても簡単で、5分もかかりませんから。

ポイント①　キーワードを三つ決めればテーマは決まる

　たとえば、修学旅行で京都に行くので調べ学習をさせたい、としましょう。

　でも、いきなり"京都を調べよ"ではテーマが大きすぎます。

　京都、といっても、歴史なのか、建造物なのか、今の人びと

の暮らしなのか、食べものなのか、あまりに範囲が広すぎるので、この大きなテーマを小さな具体的なテーマにしないといけないのです。そのために、絵を描きながら考えます。

さて、一つ目のキーワードは京都です。

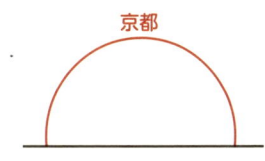

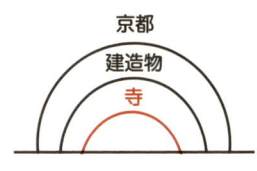

そうしたら、こういう絵をかきます。

この輪のなかは全部京都！　です。

次は京都のなにを調べるか、ですが、今回は建造物にしましょう。なのでこの輪のなかは京都の建造物！　です。

三つ目はなににしましょうか。

お寺にしましょう。

ええっ？　でもお寺はいっぱいあるし、これじゃまだ範囲が広すぎて、決めたことにならないよ〜、というときには、キーワードをあと1、2個、増やしていきます。このように……。

金閣寺、というキーワードまで小さく具体的になりました。

こうやって、範囲の大きな漠然としたテーマを、範囲の小さい具体的なテーマにすることを "テーマを絞る" といいます。

※絞る、というときに雑巾を絞るところをイメージしないようにいってください。
　この絞るは、ハンカチをちくちく丸く縫って糸を引っ張ったとき、そう、絞り染めのときの "絞る" です。絞るには両方のやりかたがあるので、イメージを間違えてしまうとわからなくなってしまいます。
※小学校低学年でステップ1をするときには、動物→キリン→えさ、のようにします。低学年のテーマは "動物" と "食べもの" が最適です。

ポイント②　キーワードが決まったら、次はミステリーカードで具体的に調べることを絞る

　ミステリーカードは全部で7枚。

| いつ？ | 誰が？ | なにを？ | どこで？ | なぜ？ | どうやって？ | いくつ？ |

　そう、5W1Hです。
　それに、もう一つのhow much、の、いくつ、を足したものがミステリーカードです。
　このなかからいいと思うものを1枚引きます。

例えば、金閣寺は、

　　　いつできたのか？

　　　誰が作ったのか？

　　　どこにあるのか？

　　　なんのために作ったのか？

　　　どうやって（建築方法）作ったのか？

　　　いくらかかったのか？

というように、ミステリーカードを使うと全体像がつかめ、なおかつ自分の調べたいことを決めることができます。

＊テーマによってはミステリーカード全部を使うことができないときもあります。例えば"キリンは誰がつくったの？"なんていう疑問には誰も答えられないでしょう？

　このステップ1は、なんの本も見ずに、

　自分が今までに知っている知識！

　だけでテーマを決めるやりかたです。

　1回はこれをして、大きいテーマを小さいテーマに絞っていく感覚を身につけさせてください。

　このやりかたは、ウェビングとは逆の閉じていくやりかたで

すが、まず、これがわからないと、ウェビングは難しいのです。

　これを実際の授業に当てはめ、京都、がクラスや学年のテーマ、金閣寺、は班のテーマ、ミステリーカードで決めるのが、その班の一人ひとりのテーマだ、としてみます。

　こうすると、一人が一つのテーマを調べるだけでも、班として発表すれば、クラス全員が金閣寺についてかなり詳しい知識を得ることができます。

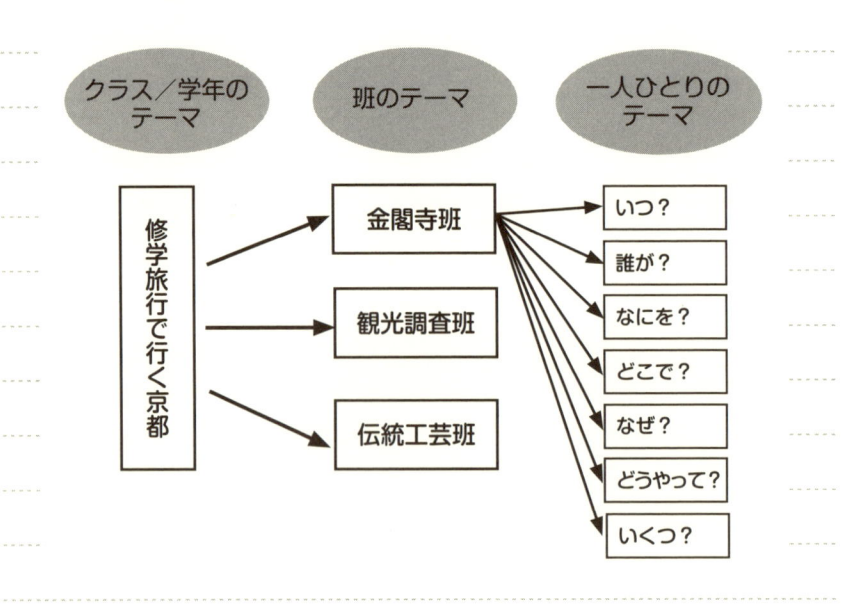

```
クラス/学年の        班のテーマ        一人ひとりの
  テーマ                                テーマ

                  ┌─────────┐      ┌─ いつ？
                  │ 金閣寺班 │─────┼─ 誰が？
              ┌──>└─────────┘      ├─ なにを？
┌─────────┐  │   ┌─────────┐      ├─ どこで？
│修学旅行で│──┼──>│観光調査班│      ├─ なぜ？
│行く京都  │  │   └─────────┘      ├─ どうやって？
└─────────┘  │   ┌─────────┐      └─ いくつ？
              └──>│伝統工芸班│
                  └─────────┘
```

テーマの決めかた ステップ２
百科事典を使うやりかた

　ステップ２は、百科事典だけを見てテーマを決めるやりかたです。これも、一度は練習させてください。

　いきなりインターネットなどに行き、多種多様な情報が流れ込んでくると、混乱し、制御できなくなります。

　なので、なにかを調べようと思ったらいちばんはじめに、百科事典を見に行き、まずは、必要な単語の定義と総合的な解説を手に入れる、という基本をしっかりと身につけさせなくてはなりません。

　そのためには、まだほかの情報は入れないほうがいいのです。

　例えば修学旅行で行く京都のお寺を調べる、という課題なら、はじめに修学旅行とはなにか、京都とはなにか、寺とはなにか、を、押さえなくてはなりません。

　ここをあやふやにしたままはじめてしまうのが、調べ学習が途中でわからなくなる理由の一つです。

　そうしてここは、全員が同じ理解をしておかなくてはならない部分です。

　これからも、わからない言葉や概念が出てくるたびに、この"定義"を百科事典で調べなくてはなりません。その定義を、

板書したり、実物投影機で写したりして、全員で音読します。そうすれば全員が同じことを理解でき、同じ土台に立つことができるようになります。

　ステップ２のやりかた、というのは、この図のように、

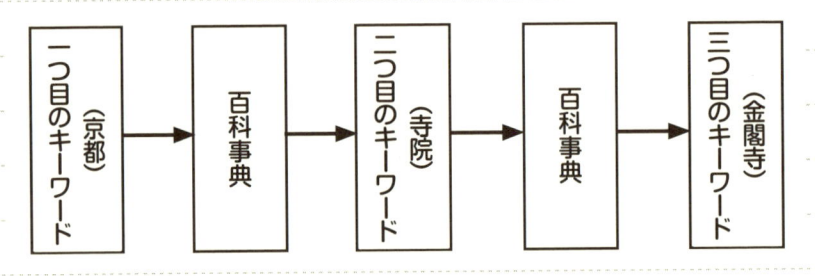

一つ目のキーワード（京都）→ 百科事典 → 二つ目のキーワード（寺院）→ 百科事典 → 三つ目のキーワード（金閣寺）

① 一つ目のキーワード（クラスや学年の大きいテーマ。この場合は京都）を百科事典で引いて、定義を押さえ、解説を読む。
② 解説に出てきた内容から二つ目のキーワード（班のテーマ、寺院）を選ぶ。
③ そのキーワードも百科事典で引く。
④ これで基礎知識が入ったので、三つ目のキーワード（金閣寺）を決めて、ミステリーカードを引き、班の一人ひとりが自分のテーマを考える。

　というやりかたです。

このステップ２は、小学生なら４年生用、中学生ならまだ練習の段階です。本番の調べ学習に入る前に、なにか例題を作って練習させてください。

※百科事典は本来は学級文庫として各クラスに置いておくべきものですが、そこまではできなくても、学年に１セットは欲しいものです。
　小学校も４年生以上は廊下置きが欲しいです。中学生はもちろん！　です。
　ですから、最低図書室に１セットとして、４セットは学校内に置いてください。
　学年の廊下に置いておき、百科事典の引きかたを教えると、毎日、昼休みや放課後に子どもたちが群がって読んでいます。
　それだけ持っていれば40人学級の授業にも対応できます。
　百科事典は毎日使うものです。なぜって、勉強は毎日するのですから……。
　そうして、改訂版が出たときには買い替えてください。
　古いデータを使うと答えも間違ってしまいます。

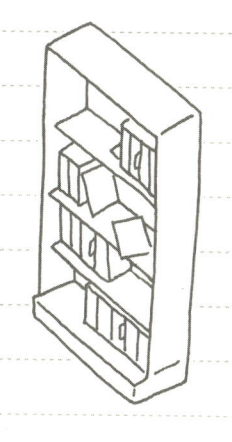

テーマの決めかた ステップ3
専門書とインターネットも使うやりかた

　ステップ3は、百科事典で定義と解説を読んで、基本的な知識を頭に入れたら、次は専門書やインターネットでもっとたくさん情報を集め、それからテーマを決める、やりかたです。

　ここまで順を追ってやってくれば、ステップ3のテーマの決めかたは難しくありません。

　ステップ3は

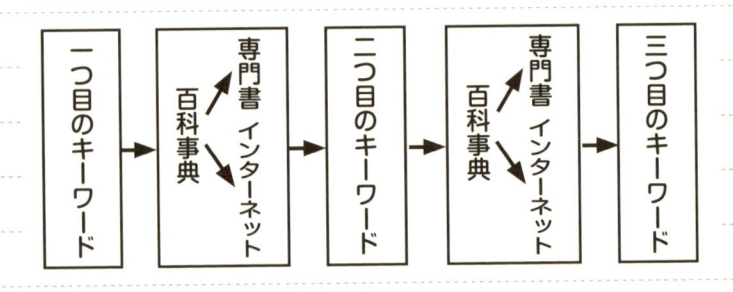

一つ目のキーワード → 専門書・百科事典・インターネット → 二つ目のキーワード → 専門書・百科事典・インターネット → 三つ目のキーワード

という手順になっています。

　一つ目のキーワードを百科事典、で引いて、定義を押さえ、解説を読んで基礎知識を頭に入れたら、ここで、ほかの本……つまり、専門書を調べに行きます。

　インターネットもここで使いますが、インターネットの情報は、報告書に使えるものと使えないものがありますので、「インターネットの使いかた3」をご覧ください（→78ページ）。

インターネットは、なんか面白い情報はないかな、とネタを探すのに使うもんだ、くらいに思っていたほうが無難です。もし、インターネットで探していた情報を見つけたとしても、たいていウラをとらないと、その情報は使えません（→13ページ）。奥付のない情報は使えないのです。

　さて、子どもたちが考えたテーマをここで一度チェックします。今までに、誰も発見していないこと、答えが見つかっていないこと、お金がかかること、のような、小・中学生にはできそうもないテーマはチェックして、できそうなテーマに軌道修正する必要があります。この段階では調べかたの練習なのですから、答えがないようなテーマを学校でするべきではありません（自由研究ならかまいませんが）。例えば、
　"恐竜は、なんのために生まれたのかを調べたい"
→それは誰にも答えられません。
そこで、軌道修正
　"恐竜の大きさを調べたい""恐竜の羽毛について調べたい"
　と、アドバイスしてください。

調べる前に
戦略を立てる

　テーマが決まったら、次は、どうしたら自分の疑問が解けるかを考えます。これを、<u>戦略を立てる</u>、といいます。

　主な方法は三つ。

　①　本で調べる

　②　人にきく

　③　やってみる

ですね。

　今までに誰かが疑問に思い、誰かが解いているものは、本で見つかります。金閣寺をいつ建てたのか、や、誰が建てたのか、ということなら、本に書いてあるでしょう。

　あまりにもローカルなので本にはなっていないようなことや、今までだれもやっていないこと、新しいデータが欲しいというようなものは、人にきいたほうが早いでしょう。

　自分でやってみればわかることなら、やってみればいいわけで、実験などはこれに入ります。必要な実験道具を作る、とか、実験ソフトを開発する、というようなこともありえます。

　要は、どうしたら、自分の疑問は解けるかを考え、その方法を考えることが必要なのです。

本で調べる

第2章

　百科事典を見て"定義"と"基礎知識"を入れ、本で調べよう、と、戦略を立てたら、専門書（調べ学習用の本、図鑑、そのほかそのことについて詳しく書いてある本）を読みに行きます。
　調べ学習の初級者は、答えを探すため、に。
　中級者と上級者は、もっとたくさん情報を集めるため、に。
　本で調べるには、図書館へ行きます。
　子どもたちが使える図書館は、学校図書館のほかに、公共図書館があり、
　誰でも！　ただで！　使えます（コピー代のぞく）。
　図書館は、
＊文字で書かれたものを
＊収集して
＊研究して
＊分類して
＊保管して
＊還元する
という仕事をしているところです。
　今は、宇宙も哲学も音楽も工業も医学も、そのことについて

誰かが思いついたり、わかったりしたことは、ほぼ、文字で書かれます。文字で書かれれば図書館の収集対象になります（インターネットのなかも文字ですから収集対象になります）。

　なので、あらゆる知識と情報は、最終的に、図書館に流れ着くことになるのです。

　図書館、というのは、世界中から情報が流れ込む、広くて深い知識の海なのです。そのたくさんの情報をそのまま放っておいては、なにがどうなっているのかわかりません。

　そこで、図書館は、欲しい人がその情報を引っぱり出すことができるように、収集したものを分類・整理しておきます。

【分類とは？】

　分類の"分"は、分ける、"類"は、同じもの。なので同じものは同じところに分けようよ、というのが"分類"です。

　人間はとても賢い生きものです。

　なので、覚えられないくらいたくさんのものが集まってくると、無意識に"分類"をはじめて全体を把握しようと考えます。

自分の家のなかでも、たとえば食器は食器棚に、本は本棚に、服はたんすに分類してしまっていますよね。

　そうしておくと、今、なにがあるかわかるし、使うときにはすぐに出せるので、便利だからです。

　分類は覚えきれなくなって、困ったらはじめます。

　そして、困らなくなった時点でやめます。

　2011年度からの小学校の教科書には漠然とですが、分類という考えかた、が出てきます。"もののなまえ"や"なかまわけ"なんていうテーマのところは"分類"なのです。

　なので、私は、2011年から1年生への分類の授業をはじめました。

　1年生には、家庭科の先生から磁石付きの食品カードを借りてきて黒板に貼り、「野菜はどれ？」「果物は？」「麺類は？」「乳製品は？」と、ひとしきり遊んだあと「牛乳」「パン」「ベーコン」「卵」「バター」と並べてこれはな〜んだ？　ときいたところ、大きな声で「朝ごはん！」と答えてもらえました。

　「そうです。考えかたが違うと、同じものでも違う分類に入ります。こういうふうに、どうやって分類するかを考えるのを

"分類体系を作る"といいます」
　と説明したら、熱狂的にわかってもらえました。
　先生がたのなかにはそういうことは1年生には難しいのでは？　と心配なさるかたもいらっしゃいますが、それはむしろ逆です。小さい人たちのほうが分類には敏感で、得意なのです。
　分類はぶらんこと同じ、小さい子どもの遊びだからです。
　人間の子どもは3歳になると"これなあに？"をいいはじめます。これは、定義、を聞いているのです。
　そうして仮面ライダーのカードを分類してカードケースに入れたり、ミニカーを分類して並べたりする"分類ごっこ"をはじめます。
　誰にも教わらないのに！
　そうして分類すること自体を、快感！　だと感じるのです。
　でも、この皮膚感覚は、6年生になるあたりで消えていってしまいます。
　なので大人は分類の感覚が鈍いのです。
　それにそんなに好きではなくなります。いつのまにか、ぶらんこに乗らなくなったときのように——。

【図書館の本の分類】

さて、では図書館の本の分類ですが……。

戦後、日本の公共図書館、学校図書館の本の分類法として"日本十進分類法"という分類方法が普及しました。

この分類のしかたがわかっていれば、どこの図書館でもだいたい本を探すことができます。

日本十進分類法、通称NDCでは10個の数字（0から9まで）を使って分類しています。お手元に図書館で借りた本があるかたはそれを見てください。背にあるラベルに、「453.38」のような数字があると思います。

この数字が、NDCによる分類記号で、図書館は、この記号を使って本を分類・整理しているのです。

次のページに、NDCの考えかたをまとめた表がありますのでご覧ください。

ただし、NDCの分類記号を丸覚えする必要はありません。この内容を詳しく書いてある本『日本十進分類法』があります。

探している本がどこに分類されているかは、この本を見ればわかるのですから。

もちろん、この10個だけで分類が完了するわけではありません。2段階目も3段階目もあります。
　分類は前にもいったように、
　困ったからはじめ、
　困らなくなったらやめる、
　ので、その図書館ごとにどの分野をどこまで分類するかは変わります。小学校と高校の図書館を、まったく同じように作ることはできません。ちゃんと使える学校図書館を作るにはそれなりの専門知識と経験のある人が必要です。それが、学校司書なのです。
　学校司書は、
　　＊分類を考え
　　＊選書をし
　　＊日々の掃除や貸し出しや返却をしながら
　　＊調べ学習の基礎のレクチャーをし
　　＊調べる途中の相談にのり（これを、レファレンス、といいます）
　　＊必要なデータを集めてくるのです。

CHAPTER.1　How to use encyclopedia

📖 日本十進分類法(NDC)のしくみ

NDCは、44ページのテーマ決めと同じで、大きい分類から小さい分類に絞っていくやりかたです。その分類を、言葉でなく0から9の数字で表しているのです。例えば、自然科学には「4」が当てられています。また、「453」というNDCは、「よんひゃくごじゅうさん」ではなく、「よん、ご、さん」と読みます。これは、この数が453番目を表しているのではなく、言葉を数字に置き換えた"記号"だからです。

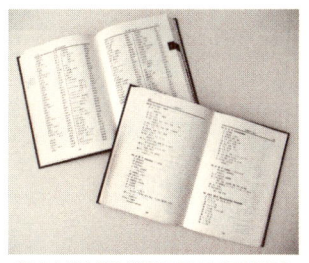

『日本十進分類法』(新訂9版)日本図書館協会。『日本十進分類法』は2冊の分冊。1冊は数字順に、その数字が何を示すかが書いてあり(写真右)、もう1冊は主題(キーワード)の五十音順に、それがどの数字かを教えてくれる(写真左)。

●地震予知について書かれた本をNDCで分類すると…

①**大きい分類(第1次区分。分類記号の1けた目)を考える**
全ての本は、この0から9に必ず入る。「地震」は自然科学なので、1けた目は「4」。

②**第2次区分を考える**
「4自然科学」の下が、また0から9に分けられている。地震は地球に関する学問なので「5」。「45」まで決定。

③**第3次区分を考える**
その下も0から9。地震は「地震学」なので「3」。「453」の3けたが決定。どの本も3けたまでは決まる。

④**第4次区分以下**
ここから「.」以下。この本のテーマは「地震予知」なので末尾が「38」。これ以下はないので、「453.38」で終了。

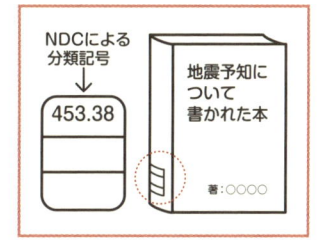

NDCによる分類記号 → 453.38

地震予知について書かれた本　著：○○○○

第1次区分 (1けた目)		第2次区分 (2けた目)		第3次区分 (3けた目)		第4次区分以下 (4けた目以下)	
0	総記	0	自然科学	0	地球科学.地学	0	地震学
1	哲学	1	数学	1	気象学	1	数理地震学(.11) 物理地震学(.12) 統計地震学(.15)
2	歴史	2	物理学	2	海洋学	2	地震誌.地震調査
3	社会科学	3	化学	3	地震学	3	地震観測.地震計 地震予知(38)
4	自然科学	4	天文学.宇宙科学	4	地形学	4	断層地震.地震津波
5	技術	5	地球科学.地学	5	地質学	5	火山地震
6	産業	6	生物化学.一般生物学	6	地史学.層位学	6	陥落地震
7	芸術	7	植物学	7	古生物学.化石	7	──
8	言語	8	動物学	8	岩石学	8	火山学.火山岩(.82)
9	文学	9	医学.薬学	9	鉱物学	9	温泉学.間歇泉
4		**5**		**3.**		**38**	

61

本の使いかた 1
目次と索引

　百科事典を読んだら次は専門書ですが、その専門書を読むために必要なツールが、目次と索引です。
　目次は、前のほうから順番に、その本にはどんなことが書いてあるのか大雑把に説明してくれるところ、索引はその言葉がどのページに載っているのか教えてくれるところです。
　低学年用の"のりもの"というような図鑑でも、いろいろ説明してあるとかなり分厚い図鑑になります。その厚い図鑑をいちいちはじめから全部のページをめくって、自分の探したいことを探し当てるのはとても大変です。本のなかから知りたいことを探すには、目次と索引が必要なのです。
　2011年度からの教科書には、小学校の1年生から、目次と索引が使えないと難しい教材がたくさん載りました。
　でも、五十音順さえわかれば、目次と索引は使えるので、1年生でもそれほど難しくはありません。
　ただ、ここが目次だよ、といっていきなり見せても1年生は意味がわかりませんので、"本はどうやってできたのか"という小話をしてあげるといいと思います。
　例えば——。

人類はなぜ文字を発明したのか、からはじまり、中国では木簡に文字が書かれ、紙が発明されると紙に書かれ、それが巻物になり、巻物はもう一度探そうと思ったら広げたり巻いたりが大変なので、巻かずに折ったら、簡単に片づけられて読みたいところが開けられる本の形になった、という話の流れのなかで、表紙、裏表紙、題名、ページ数、目次、索引、と、本を使うのに必要な専門用語と、本の使いかたを、説明する……。

　誰か困った人がいて、こういうことを思いついたら、便利だった、それでこれができたんだよ、というように理屈が通り、納得できると低学年は使いこなせるようになります。

　小さい人たちは非常に論理的で"筋の通ったこと"なら理解しますが"通らないこと"はわからない、ので、解説するほうとしては非常にありがたいお客さまです。

　彼らに理解してもらうことができれば、そのやりかたは"筋が通っている"ということがわかりますから。

　おまけにその年代の人たちは、なにかができていく過程、の話が大好きなので、これで１年生にも"目次"と"索引"は解説できるようになりました。

【練習ワーク②】目次と索引を見てみよう

対　象	小学校1年生〜。一人ずつ。
内　容	目次と索引のある本を探し、 それを使ってワークシートにわかったことを書きこむ。
目　的	目次と索引の存在を知り、使いかたを学ぶ。

★ポイント　各学年に応じ、以下の内容を解説する。

①目次について

＊「目」という漢字は、"いちばん目立つところ"という意味（人の顔で、いちばん目立つのは目！です）。
＊「次」は、なにかが順番に並んでいるところ、という意味。つまり、目次は"目立つところが順番に並んでいる"という意味。
＊目次は、説明の文章（見出し）と数字（ページ数）でできている。
＊目次は、数字（ページ数）の順に並んでいる。
＊見出しは、書かれている内容を短くまとめたもの。そのため、目次では本の前のほうから順番に、書いてあることがわかる。
＊目次を通して見ると、その本にはだいたいどんなことが書いてあるのか理解できる。

②索引について

＊「索」は、糸を束ねてロープにするときの形。
＊「引」は探すという意味。つまり、索引、は、"束ねた糸のなかを探す"という意味。
＊索引は、言葉（見出し語）と数字（ページ数）でできている。
＊索引は、言葉（見出し語）の五十音順に並んでいる。
＊見出し語一つに数字がたくさんついていたら、その数字のページ全部にその見出し語の意味が書いてある、ということ。
＊たくさんの数字のなかに、太い数字があったら、その数字のページにいちばん詳しく書いてある、という意味。
＊矢印「→」がついていたら、その言葉も関係があるので調べるとよい、という意味。
＊索引に、知りたい言葉が見つからなかったら、その本には書かれていないので、その本はしまって次の本を探す。

目次と索引を見てみよう

年　組　番

目次の例

索引の例

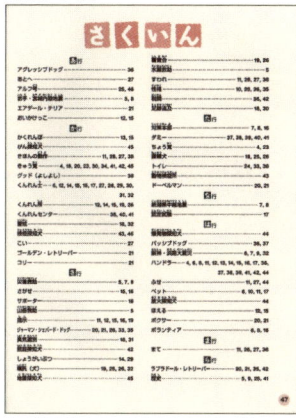

『しらべよう！ はたらく犬たち② 災害救助犬・警察犬』（ポプラ社）より

目次のついている本を1冊持ってきましょう

本の題名 _____

見出しを一つ選んで書いてください _____

　　　　　　　　　　　　　　　　　　　　　　　　　　　　ページ _____

そのページに、その見出しがあるかどうか確かめましょう　　ある　　ない

索引のついている本を1冊持ってきましょう

本の題名 _____

言葉を一つ選んで書いてください _____

　　　　　　　　　　　　　　　　　　　　　　　　　　　　ページ _____

そのページに、その言葉があるかどうか確かめましょう　　ある　　ない

本の使いかた 2
出典と奥付

　本が見つかったら、その本に書いてあることをコピーしたりノートに書き出したりします。
　そのとき、忘れがちなのが、"出典を書く"ということです。
　出典とは、
　この情報はこの本から出しました、という意味です。
　なぜこれを書いておかなくてはいけないかというと、

① 自分がその本をもう一度探さなくてはいけなくなったときに見つけられるようにするため。
　報告書を書くときになって、もう一度その本を見直したくなるときもあります。そのときに、見つけられなくなっては大変です。調べたことは全部！　出典を書いておきます。
　コピーしたならそのコピーに——。
　写したのならそのノートに——。
　無意識に出典が書けるようになったら研究者として一人前！
② この情報は私が発見したのではありません。この本を作ったこの人たちが見つけたのです、と明記することによって、著作権の侵害をしないため（→ 16 ページ）。

③　その情報が間違っていた場合に、責任の所在をはっきりさせるため。

　小学校の3年生には「友だちがあなたの報告書を読んで、その本を読みたいな、と思ったときに探せるように出典を書きます」という説明をします。
　もうこのクラスはわかるな、と思ったら、「論文審査のときに、審査委員が出典とされている本を探して見つからなかったらその論文は通りません。見つからないということは架空の本である、ということになり、つまり、あなたが"嘘をついた"とみなされるからです」という説明に切り替えます。

【出典の書きかた】
　出典の書きかたはだいたい決まっています。
　出典は、
　著者　『題名』　出版社　、発行年月日　、○ページ
　の順番で書きます。題名は必ず二重鍵かっこです。

そうして出典は、2冊以上！　が決まりです。

　なぜなら、人間は間違いをする動物だからです。

　著者にそんなつもりがなくても、印刷ミスなどはありえます。

　なので、見つけた情報は必ずもう1冊、同じことを書いてある本を見つけて確認をします（ウラをとる→13ページ）。

　このとき、当然ですが、同じ人の書いた本は使いません。

　同じ人は同じように間違っている可能性があるからです。

　もし、2冊を見て、情報が違っていたら？

　とりあえず3冊目を見て、先生や司書にきいてください、と教えてください。

【奥付】

　出典を書くのに必要な情報は"奥付"にあります。

　本の、いちばん最後（奥）に、本の題名その他、その本の情報が書いてあるところがあったらそこが奥付です。

　奥付は、その本について責任を取らなくてはいけない人びとの名前が書いてあるところで、次のような項目があります。

題名：その本の名前です。

著者：内容を担当した人びとです。そのなかみは文章、絵、監修、編集、翻訳、そのほか多岐にわたるので、図書館情報学では、まとめて"責任表示"といっています。
　何人もいてわかりにくいときは表紙か裏表紙を見てください。表紙には著者はほぼ、一人しか書いていないはずですから。

発行年月日：その本がいつ作られたのか、が発行年月日です。いくつも書いてあるときはいちばん新しいものを書きます。

発行所：所、ですから、これは場所ですね。
　その本を作った企業の名前です。ちなみに雑誌の奥付は裏表紙の、綴じてあるところの近くに細長く書いてあります。

発行者：者、ですからこれは人間です。
　その本を作ったときの最高責任者、つまり、社長の名前です。著者でも責任を取りきれないような事態が起こったときには、

この名前のかたが責任を取ることになります。

　このほかに、印刷所や製本所、アートディレクターなど、いろいろな人の名前が書いてあるかもしれませんが、題名、著者名、発行所、そうしてその本が作られたときの、発行年月日が同じで違う本、というのはありえません。
　なので、この四つが書いてあれば、その本をもう一度探し出せるわけです。

　新聞の場合も、出典を書かなくてはならないのは一緒です。
新聞記事の出典は、
＊新聞名
＊朝刊か　夕刊か
＊載っていた面
＊記事タイトル
＊（あれば）執筆者名
を書きます。
　実際の例は81ページをご覧ください。

CHAPTER.2　*Reference studies A to Z*

第2章

【練習ワーク③】出典を書いてみよう

対 象	小学校4年生〜。一人ずつ。
内 容	奥付を探し、 それを使って出典を書く練習をする。
目 的	奥付と出典の関係を理解する。 出典を書く意味と、書きかたの決まりを覚える。

★ポイント

①出典を書かなければならない理由

＊自分がその本をもう一度探さなくてはいけなくなったときに見つけられるようにするため。
＊この情報は私が発見したのではありません。この本を作ったこの人たちが見つけたのです、と明記することによって、著作権の侵害をしないため。
＊もし、その情報が間違っていた場合には、責任の所在をはっきりさせるため。

②出典は本の最後にある奥付を見て書く

奥付には、
＊題名
＊著者
＊発行年月日
＊発行所
＊発行者
が書いてある。このうち出典に必要なのは、題名、著者、発行年月日、発行所。それから、調べた記事が書いてあったページを書く。

③出典の書きかたにはだいたいの決まりがある

＊著者 『題名』 出版社 、発行年月日 、 ○ページ
と書く。本の題名は、二重鍵かっこでくくる。
＊出典は、2冊以上書く。間違いがあるかもしれないので、見つけたデータは必ずもう1冊同じことを書いてある本を見つけて確認する（ウラをとる→13ページ）。このとき、同じ人の書いた本は使わない。
＊2冊を見て、情報が違っていたら3冊目を見て、先生や司書にきくことを教える。

出典(しゅってん)を書いてみよう

　　　　　　　　　　　　　　　　　　　　年　　組　　番

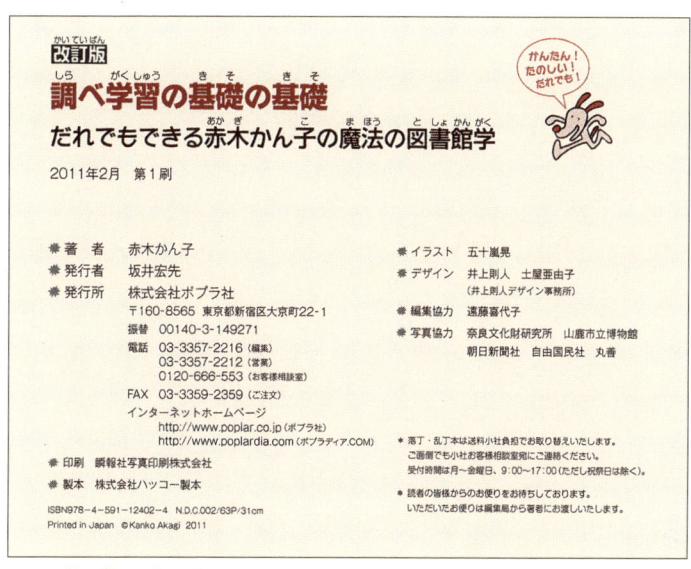

『改訂版 調べ学習の基礎の基礎 だれでもできる赤木かん子の魔法の図書館学』（ポプラ社）より

この奥付(おくづけ)を見て、出典を書いてみましょう

　　　　　　　　『　　　　　　　　』、　　　　　　年

好きな本を持(も)ってきて、奥付を見て、出典を書いてみましょう

　　　　　　　　『　　　　　　　　』、　　　　　　年

インターネットの使いかた1
単語に切る

　本の使いかたがしっかりわかったら、次はインターネット検索のやりかたを話します。

　インターネットを使うときには、まず二つのテクニックが必要です。

　もちろん、ここは知っている子どもが大半だと思いますが、1回は全員が理解しているかどうか、中学校でもチェックしたほうがあとあと無難です。こんなところでつまずいて、そのあとわからなくなるのはもったいないですからね。

　一つ目は、"単語に切る"です。

　インターネットも、百科事典も、国語辞典も、見出しはすべて"単語"で作られている、ということがわからないとなんにも使えません（小学校の低学年が百科事典を引いていて、ないよ〜〜！　と叫ぶのは半分はここが原因です）。

　本でもインターネットでも、いちばん最初にすることはこの"単語に切る"ですが、特にインターネットはこれが必須です。

　たとえば"世界の料理"を調べましょう、というのなら、まずこれを単語に切ります。

　そうすると　世界／の／料理　になります。

そうしたら、次にこの"世界"と"料理"のうち、どっちを調べたいのかを考えます。これを"優先順位をつける"といいます。

この場合は　①料理　②世界　ですね。

なので、インターネットの検索エンジンに、

| 料理　世界 | 検索 |

と入れます（料理と世界の間は1字分空けます）。

その検索エンジンが、AND検索に設定してあれば、このやりかたで結果は絞れます。

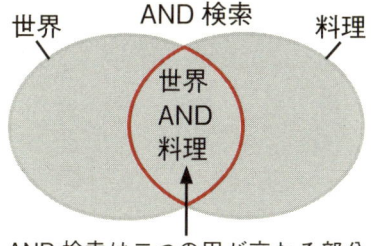

AND検索は二つの円が交わる部分を探す方法です。
つまり、「世界」と（AND）「料理」という単語が両方入っているページだけを拾ってきます。

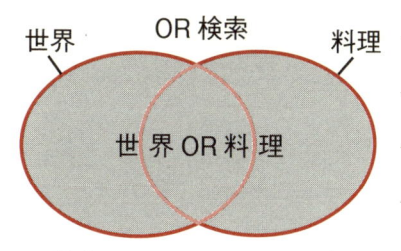

OR検索は二つの円、すべてを探す方法です。
「世界」または（OR）「料理」のどちらかの単語が入っているページを全部拾ってきます。

インターネットの使いかた 2
オンライン百科事典

　インターネットのなかにも"百科事典"は存在します。
　ウィキペディアとは違い、一つの企業が作る百科事典であれば、そこに書かれていることはその企業が保証してくれるので、オンライン百科事典でも、出典に使うことができます。
　電子版の百科事典は、
＊新しい情報をつけたしていくことができ
＊情報量は紙媒体とは比較にならないほど多く
＊言葉から言葉に飛んで検索する手間が簡単で
＊動画やサウンドなどで表現でき
＊重くなく、場所をとらない
　という利点があります。
　今の日本で使える有料のオンライン百科事典の主なものには、小学館『日本大百科全書』が使える「ジャパンナレッジ」(ネットアドバンス)、平凡社『世界大百科』が使える「ネットで百科」(日立ソリューションズ)、『ブリタニカ国際大百科事典』が使える「ブリタニカオンラインジャパン」(ブリタニカジャパン)などがあり、子ども用には『総合百科事典ポプラディア』が使える『ポプラディアネット』(ポプラ社)があります。

『ポプラディアネット』は、

＊マウスで検索でき、ローマ字打ちができなくても使える
＊４年生以上で習う漢字に振りがながついている
　（これは消すこともできるので、中学生は消して使えます）
＊情報はポプラ社が管理しているので出典に使える
＊プリントアウトすると、自動的に出典が印刷される
＊解説文の青文字をクリックすると、その項目に飛べる
＊情報は更新できるので新しい情報も入ってくる
＊動画やサウンドで、文字だけではわかりにくいことも理解できる（鳥の声や全世界の国歌がきける、脱穀機が動くところが見られる etc.）
＊"おすすめサイト"から、項目に関連する約4500もの外部ホームページに飛べる

　特に最後のおすすめサイト機能は使いやすいです。そのホームページを探しきれない小学生でもたどりつけるし、外部を介さないで直接飛べるので、安全にインターネットのなかを探させることができます。そのホームページはポプラ社がチェックしているので安心です。

インターネットの使いかた 3
使えるホームページを探す

　　単語に切り、優先順位を考えて検索するのに慣れたら、次は使えるホームページを探す練習をします。

　　国、もしくはそれに準じた機関のホームページなら使えます。

　　たとえば小惑星探査機の「はやぶさ」について調べたいのなら……。

　　はやぶさ、と検索エンジンに打ち込むと、個人のブログを含む、いろいろなページが出てきてしまいます。

　　なので、その前に百科事典を引いて、「はやぶさ」を調べておきます。そうしたら、「はやぶさ」を開発したのは宇宙航空研究開発機構（JAXA）だということがわかります。

　　JAXA……を検索して、ホームページを開いたら、そのなかの検索スペースを見つけます。そこに、はやぶさ、と入れたら、JAXAのホームページのなかの"「はやぶさ」関連の記事"が出てきます。

※小学校なら、キッズページをクリックしてください。ふりがなつきのページが出てきて、「はやぶさ」以外の情報も探せます。

　　必要なところをプリントアウトするか書き写して、閲覧した日と、あればそのページの最終更新日の日付、そのホームペー

ジのURLを忘れずに書いておきます（インターネットの引用の例は18ページにあります。出典の書きかたの参考にしてください）。そのホームページが使えるか、使えないかの判断は子どもにはかなり難しいので、大人がチェックしてください。

　キーワード検索をした結果、画面の上位にあるホームページは、検索される回数が多いということになっているようですが、お金を使えば簡単に上位にもってくることができます。
　インターネットのなかの情報操作は簡単です。
　上位にあるからといって"みんなが使っていて信用できるホームページなんだ"ということにはなりません。
　インターネットのなかに、すべての情報があるわけでもありません。まだはるかに、本のなかのほうが情報量も多いのです。インターネットが得意とする情報ジャンル、もありますし、不得意な情報ジャンルもあります。

　このあたりはくれぐれも、子どもたちに、念押ししておいてくださるよう、お願いいたします。

著作権の侵害や名誉毀損は犯罪です！

　まず子どもたちに伝えなくてはならないのは、人は自分のいったことやしたことに対して、責任をとらなくてはいけない、ということ。

　だから、自分で見たわけでもない、調べてもいない、人からきいただけ、インターネットで読んだだけの（つまりは自分でウラをとっていない）ことをほかの人にいってはいけないということ。

　そういうことをして相手を傷つけたら"名誉毀損"そのほか、犯罪になるのだ、ということは小学校3、4年生くらいがいちばん納得してくれる感じがします。

　人の作ったものを真似してはいけない、自分が作ったような顔をして使ってもいけない、という著作権の侵害も、いちばんその年代が理解が深いと思います。

　一見難しいことのようですが、自分の描いた絵を誰かが真似したら、小学1年生は泣いて怒ります。ですから"なっ、真似されたらイヤだろ？　だから人のも真似したらいけないんだよ"というと、1年生は"わかってくれる"のです。

　むしろ、真似されたらイヤだ、という感覚が5年生あたりになると消えていくので、6年生も後半になると、そのネット情報は使えないよ、というと露骨にめんどくさい、という顔をされてしまったりします。

　ですので中学生には"ネット犯罪""名誉毀損""著作権の侵害"などの新聞記事を検索させることをおすすめします。

　実際に起訴されているのを見れば実感するでしょうから。

　新聞を検索するときには、インターネットで調べ、わかった日付の新聞を見ると早く探せます（インターネットの情報はそのまま使えないものが多いので、報告には必ず新聞記事のほうを使うようにしてください）。

　そして、必ず出典を書くように指導してください。

　でないと、その記事の切り抜きは使えない情報になってしまいますから——。

著作権を学ぶのにおすすめのサイト
『楽しく学ぼう著作権〜コピーライト・ワールド　おじゃる丸編〜』http://www.kidscric.com/
社団法人著作権情報センターが開設している、子ども向けの著作権学習サイト。
特に著作権に関するクイズは、大人が知識を確認するのにも役立ちます。

ブログ炎上 書類送検へ
容疑の18人 タレントに「人殺し」

東京都中野区に住むお笑いタレントの男性(37)のブログに「殺人犯」などと事実無根の書き込みをしたとして、警視庁中野署は5日までに、+七~四十五歳の男女十八人を名誉毀損容疑で書類送検する方針を固めた。

特定のブログなどに批判や中傷があふれる「炎上」と呼ばれる被害が相次ぐ中、ネット上の「暴力」に歯止めをかけるのが狙い。同署によると、十九人は昨年十一月、男性が開いたブログに、「何で人殺しをやる」「死ね」などと書き込みをしたとしている。

ブログには「何で人殺しをやる」などと男性を殺す意味の書き込みがあった。「足立区出身の不良」だのどうしたい句で男性を中傷したとしたが、中野署は五日までに、送検容疑の女性会社員(28)など事件性のある被害届を出した大阪府高槻市の女子高校生(17)ら十八人、+男(45)や札幌市の女子中学生(14)など教育庁を脅迫容疑で書類送検していたと指摘。男性からは被害相談があり、男性はブログへの書き込みを制限した。

ブログには「何で人殺しをやる」「死ね」などの文句で男性を中傷した書き込みがあった。「足立区出身の不良」だのどうしたい句で男性を中傷したとし、以前にもこのような事実無根のような書き込みを制限した。

2009年2月5日
日本経済新聞 夕刊
19面より

※この事件について詳しく知りたいかたは
スマイリーキクチ『突然、僕は殺人犯にされた：
ネット中傷被害を受けた10年間』(竹書房)
をお読みください。

ユーチューブ投稿 逮捕
14歳少年 発売前の漫画公開
著作権法違反容疑

米国の動画投稿サイト「YouTube」(ユーチューブ)上で、発売前の漫画を無断で公開したとして、京都府警は14日、名古屋市の中学3年生の少年(14)を著作権法違反(公衆送信権の侵害)の容疑で逮捕した。少年は容疑を認めているという。府警によると、ユーチューブに投稿する容疑を巡る同法違反容疑の摘発は初めて。少年は140文字以内で投稿できる簡易投稿サイト「ツイッター」で踏み切った。

府警によると、少年は、発表では、少年は昨年12月22日~今年2月9日、人気漫画「ONE PIECE」「銀魂」「MAJOR」「NARUTO(ナルト)」の4作品を、発売前の漫画誌をデジカメで撮影したとみられ、動画は数秒ごとにページが切り替わるコマ送りのようになっていた。府警は、発売前の漫画を入手しパソコンに読み取ってユーチューブ上に公開した、著作権を侵害した疑い。府警は悪質性が高いとみて、逮捕に踏み切った。

こうした動画は多く再生されており、出版社などが対応に苦慮していた。

2010年6月14日
読売新聞 夕刊
13面より

人気漫画を無断配信
秋田 18歳容疑者を逮捕

自分のブログから人気漫画を無許可で配信したとして、秋田県警は、8日午前、県内上市に住む男子生徒(18)を著作権法違反(公衆送信権の侵害)の疑いで逮捕し、8日午前発表した。「漫画はインターネット上でダウンロードした。同様のサイトを作りたかった」と話しているという。

ハイテク犯罪対策総合センターによると、男子生徒は自宅のパソコンを使って人気漫画「ぬらりひょんの孫」など3冊をサーバーに保存、昨年8月15日~9月3日、ブログから自由に無料でダウンロードできるように配信した疑いがある。

男子生徒は昨年3月にブログを開設し、掲示板で閲覧者からダウンロードしたい漫画のリクエストを受け付け、計260タイトルで3800冊公開していた。これまでに250万回の接続があり、少なくとも27万円の広告収入があったという。

2011年2月8日
朝日新聞 夕刊
9面より

報告書を書く1
初級編

　謎を調べて答えがわかったら、つぎは"報告書にまとめる"という作業が待っています。

　まず、報告書とはなにか？　ですが、
　報告書、というのは
　"謎（テーマ）の答えを文字で知らせたもの"です。
　人類が今までに発見した知識は、いわば宝石のようなものです。これこれの宝石を"宝物倉"に行って見つけていらっしゃいといわれて、見つけてきて書くのが、初級編の報告書（もちろんその宝物倉は、分類整理されている宝物倉でないと、いけません。正倉院のような……）。
　例えば、
　金閣寺、を作れといったのは誰か？　とか
　金閣寺、はいつ作られたのか？
　みたいなシンプルな問い、の答えを見つけてくる……。
　つまり、情報収集の練習です。
　と、同時に探索の楽しさも感じてもらいたいわけです。
　探すのは、調べるのは、楽しいことなのだ、という感覚を。

さて、報告書に最低限必要なものは、

> **A4 の紙**
> 題名
> 自分の名前
> 答え
> その答えが
> 載っていた本

＊題名（つまり、謎、テーマ）

＊自分の名前

＊答え

＊その答えが載っていた本（出典です）

の、四つだ、ということになります。

そして、報告書は、

＊A4 の紙を縦に置き

＊文字は横書き

＊消えないもので書きます。

　昔は意地悪されて書き換えられないように、報告書は、必ず消えないもので書くように、といわれました（改竄→16ページ）。

　パソコンを使ってレポートを書くときには、ある意味書き換えられ放題なので、今となってはあまり意味のないルールですが、本質、は、話しておいたほうがいいと思います。

さて、右のページに載せてある報告書は、初級編の報告書の記入のしかたです。
　つまり、小学校2、3年生用の報告書です。
　ですから、この出典の書きかたは省略形です。
　正式なやりかたを説明するには、奥付の解説もしなければなりませんが、2、3年生にはそれは荷が重すぎるでしょう。
　表紙と裏表紙だけ見ればわかる、著者名と題名と、その情報が載っていたページが書ければ、十分です。
　ただし、書きかたは、きちんと教えてください。
　著者　『題名』、〇ページ
　で、題名は「　」ではなく『　』二重鍵かっこなのに、ご注意ください。
　高学年や中学生も、1回はこの初級編で書いてみたほうが定着率が上がります。もし奥付の説明ができる学年なら、正式な出典の書きかた（→67ページ）を話したほうがいいでしょう。

初級編の報告書

報告書

なぞ　キリンの　首の　ほねは　いくつか？

3 年　3 組　22 番　　名前　しらべ　ようこ

答え　キリンの　首の　ほねは　七つです。

調べた本
　書いた人の名前　　くびの　なが子
　本の題名　　　　『きりんの本』
　　　　　　　　　　　　　　　　28 ページ

初級編を説明したら、報告書ワーク（→88ページ）をして、わかっているかどうか、確かめてください。

　具体的には、謎（テーマ）の答えを調べて、85ページの報告書と同じ書式で、書いてみる、ということです。

　ただし、ワークの謎は、その学校の図書館にある本で、先生がたが作らなければいけません（でないと答えが見つからない可能性が出てきてしまいます）。

　百科事典が4セットあるなら40人いても百科事典で調べられますが（そしてその練習も必要ですが）、百科事典以外の本にも慣れておいたほうがいいので、できればここは図書館に、今ある本で謎を作ってみてください（謎の例→88ページ）。

　謎を作るコツは、
それぞれの本の索引を見て、謎のなかに、
索引で引ける言葉をキーワードとして入れること、
です。
　本文を見て作ると、答えを探せなくなる場合がありますので、必ず索引を使ってください。

例えば、

「サトウダイコンで作られる製品はなにか？」

だったら"サトウダイコン"というキーワードを索引で探すことができますが、

「北海道で作られる、砂糖の原料になる作物はなにか？」

という質問だと本で見つけられない可能性があります。

"北海道の農業"で探して、その記事のなかにサトウダイコンの記述が運良くあるとは限らないからです。

なるべく具体的なキーワードをテーマにして、大テーマ、中テーマ、小テーマ、ミステリーカードがくっきりと見えるように謎を作ります。

作ったら、本当に見つけられるかどうか、も、まず先生ご自身が試してください。

今までにいろいろな学校で、何度も、謎を作っていただきましたが、作りおわると、みなさん口をそろえて、テーマを考えるのは楽しかった、とおっしゃっていただけました。

謎を考える作業は楽しいです。

【練習ワーク④】報告書を書こう

対象	小学校2年生〜。一人ずつ。
内容	教師が出題した謎の答えを見つける。 初級編の報告書の書きかたを練習する。
目的	①本のしくみをしっかりと理解する。 ②謎の答えを自分で探し出せるようにする。 ③報告書に必要なものを把握する。

★ポイント

①ワークの謎は学校にある本を使って、先生が考える

児童・生徒が調べやすいように、学校図書館にある本から、謎を考える。本の索引を見て、索引に書いてある言葉をキーワードとし、必ず入れる。本文だけを見て謎を作ると、答えを探せないことがあるので注意。

②大、中、小のテーマとミステリーカードがくっきりと見えるようにする

考える過程がわかるように謎を作る。例えば、
「米の、種類の、コシヒカリは、いつ作られたのか？」という具合。

③児童・生徒にも謎（テーマ）を作ってもらう

1回目は教師が謎を作り、2回目は、児童・生徒が自分で図書館の本から謎を探す。見つけた謎は自分で調べるのではなく、他の人と交換して、報告書を作る。

④最後に報告書の謎と答えが合っているか確認する

これは、重要なチェックポイント。ここがずれていたら、はじめからやり直す。例えば「キリンの首の骨は何本か？」という謎に対して、「キリンの首の骨は長い」では、答えにはならない。低学年ではよくあるので注意する。

★謎（テーマ）の例

＊食べものの、菓子の、チョコレートは、どうやって作るのか？
＊動物の、クモは、糸を、どこから出すのか？
＊植物の、タンポポの、種は、いくつついているか？
＊昆虫の、テントウムシの、食べものは、なにか？　　　　など

報告書
ほうこくしょ

なぞ

[　　　　　　　　　　　　　　　　]

年　　組　　番　　名前

答え

[　　　　　　　　　　　　　　　　]

調べた本
しら

　書いた人の名前　_____

　本の題名（だいめい）　_____

　　　　　　　　　　　　　　ページ

　書いた人の名前　_____

　本の題名　_____

　　　　　　　　　　　　　　ページ

最後（さいご）に報告書をチェックしよう。
- ☐ なぞが書いてあるか？
- ☐ 自分の名前と所属（しょぞく）（○年○組○番）が書いてあるか？
- ☐ 答えは書いてあるか？
- ☐ なぞと答えは合っているか？
- ☐ 調べた本（出典（しゅってん））は書いてあるか？（2、3年生は1冊（さつ）でもよい）

報告書を書く 2
中級編

　中級編の報告書は、上級編の、自分の論文を書くときのための準備練習です。なぜなら、なに一つ先人の知恵に頼らずに自分の報告書を書くことはできないからです。

　初級編は、紙１枚だけのシンプルな"謎"と"答え"が１行だけ！　あればいいという報告書でした。

　中級編ではその答えを本だけではなく、

　例えば、

　＊アンケートをとる

　＊インタビューする

　＊新聞記事から見つける

　＊インターネットから見つける

などのように、いろいろなジャンルから集めてくることが必要です。そうしてそういうやりかたはそれぞれ違うので、その一つひとつを練習します。

　新しい小学校教科書では、そういうやりかたのほとんどを、５年生までに！　習得するように、といっているのです（こんなに難しいことを……！）。

　そうして中級編のもう一つの目的は、なるべく、オリジナリ

ティーのある報告書、を書こう、ということです。

　例えば実際に自分が経験したことを報告する場合は、オリジナリティーのある報告書といえるでしょう。

　修学旅行の報告書は、その班の修学旅行の報告が今までにあるわけはないのですから、それはすべてオリジナルといえばオリジナルです。

　アンケートやインタビューをして、自分なりの結論を出す、というのも（その子たちが考えたアンケートは、今までにとられたことがないはずですから）、簡単ではありますが、オリジナリティーのある報告書だといえます。

　ですから、こういう報告書は、実は大変難しいことを要求しているのだ、ということになります。

　もうすでにあるものを探してくればいいだけ、の場合と比べると、これはまるっきり質の違う要求です。

　そうして、これをもう一歩高度にすると、

＊Ａという情報と、Ｂという情報を足して

＊Ｃという新しい情報にして提出

というやりかたになります。

すでに見つけられていた宝石（知識）と宝石（知識）をドッキングさせて、今までにない、新しい、誰も見たことのない宝石を作り出すのです。
　右の報告書を読んでください。
　ここには、オリジナリティーがあります。
　この報告書を書くには、まず、
　＊動物の本を見て
　＊次に全然関係ない人体の本を見てみようと思いつく
　という離れわざが必要になります。
　これを思いつくには、かなりの思考の飛躍が必要です。
　こういうことを予備知識なしで思いつけるのなら、その子は生まれついての研究者タイプで、大人になってかなりのレベルの研究者になるでしょう。
　それよりもっとありえるのは、この子は、どこかでなにかを読んで、はじめから人体の首の骨の数を知っていた、というパターンです。
　キリンの本を読んだときに、以前に読んだ人体の首の骨の数を思い出して、自分でも、へ〜っ、そうなんだ〜、と感心し、

🔖 中級編の報告書

報告書

なぞ　　キリンの首の骨は、いくつか？

5　年　2　組　18　番　　名前　ずかん　すきお

答え

キリンの首の骨は、七つでした。
人間の首の骨も七つです。
キリンの首は、人間よりずっと長いのに、
骨の数は同じなのです。
つまり、キリンの首の骨は、ひとつひとつが、
人間の首の骨よりもとても長いということが
わかりました。

調べた本

くびの　なが子　　『キリンの本』、28 ページ

ほねほね探偵団　　『キリンのまいにち』、36 ページ

骨河　にくお　　　『からだの　しくみ』、53 ページ

長井　くびと　　　『ヒト』、45 ページ

ドッキングさせて書けた、というパターンです（となると、こういうレポートを書くには、かなり範囲の広い雑学系の知識がある、つまり常日頃からたくさんの本を読んでいることが必要だ、ということになります）。

　この場合は、Ａという本の情報と、Ｂという本の情報をドッキングさせて、読者が気づかなかった新しい情報を作り出すことに成功したのです（そうして読者の感動を引き出すことにも）。

　中級編は、オリジナリティーのない報告書から、オリジナリティーのあるものへの移行途上であるともいえます。

報告書を書く 3
上級編

　さて、では、上級編は、というと、これが、本来の……いわゆる論文と呼ばれるものの書きかたです。

　小学生や中学生で、ここまでは要求されていませんが、好奇心旺盛な子どもたちは、知らずにここまで踏み込んでくることが、ままありますので、5年生以上なら、解説すれば確実に喜ばれます。

　上級編の考えかたは、

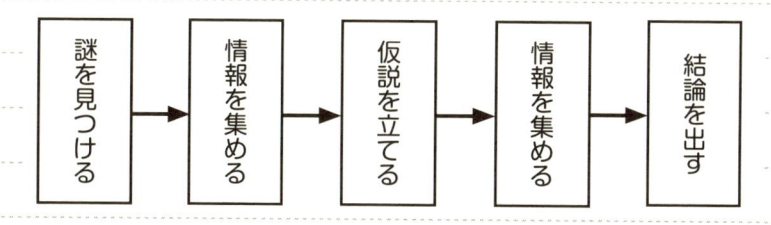

謎を見つける → 情報を集める → 仮説を立てる → 情報を集める → 結論を出す

となります。

　ここで新しいのは "仮説を立てる" でしょう。

　仮説、というのは仮、の説、で、まず情報を集めたうえで、これはおそらくこういうことではないだろうか、という自分なりの説、のことです。

　例えば、恐竜が絶滅した、という事実があるとします。

そうしたら、それは巨大隕石が降ってきたせいだ、というのが仮説です。
　次に、その仮説を証明するにはどうすればいいだろう、と考え、それに沿って、また情報を集めます。
　そうして"証明"し、"結論"づけるのです。
　調べている途中で、このテーマはつまらない、とか、意味がない、とか、答えはない、とか、行き詰まった、などということもありえます（そのときに、この道に行ったら袋小路だった、というレポートを出すこともあります。そうしたら、ほかの研究者はそれをやらなくてすみますから、それも大切なのです）。
　途中、このテーマはダメだ、となったら、テーマは変更してもかまわないのです。

　上級編は、報告書の書きかたも、本格的になります。
　報告書をわかりやすくするために、はじめは1ページに一つのことしか、書かせないようにします。
　はじめて書くときには、独立しているほうがわかりやすいでしょう。

【上級編の報告書の書きかた】

A4の紙を縦に置く、というのは初級編と同じです。

[表紙]

＊タイトル（謎、テーマ）

＊自分の名前

＊所属

「表紙」には、タイトル（謎、テーマ）、自分の名前と所属を書きます。これ以外のことは書いてはいけません。それもすみっこにちょこちょこ書くのではなく、バランスを取って、わかりやすく美しく書きます。

[目次]

＊見出しとページ数

「目次」は報告書が5枚しかないのならいりません。でも30枚もあるのならつけておくほうがいいでしょう。ここを見ただけでざっと内容もわかりますから。

> 序論
> * 自分のテーマ
> * 選んだ動機

「序論」ここには、自分のテーマ、それを選んだ動機、を書きます。ここで書いたテーマと結論は、上半身と下半身のようにぴったり合っていなくてはなりません。

> 本論
> * 調べてわかったこと ── 基礎調査
>   仮説
>   本調査

「本論」"調べてわかったこと"を書きます。仮説もここです。それ以外は書かないでください。事実以外の自分が感じたことなどがあると論文にはなりません。箇条書きでも十分です。

> 結論
> * 調べてわかったことを使って
>   自分が出した答え

「結論」には"調べてわかったこと"を使って"出した答え"を書きます。ここでも自分の感想は書きません。

　もしどうしても感想をいいたいのなら、結論のあとに、感想なり展望（調べたらこういうことがわかったので、この次はこういうことをしたい、というようなこと）という場所を作って、分けて書くようにします。

参考文献

＊参考文献リスト

「参考文献」自分が調べるのに使った資料のリストです。出典は最低2冊以上！（→68ページ）

　全部できたら誤字・脱字がないかなどをチェックして重ね、左上のはじを綴じます。これで論文は完成です。

　学校の外に出す場合、その論文を審査する側は、

＊題名と所属、名前を見ます→書いていなければ不合格。

＊参考文献リストを見ます→2冊以上なければ不合格。

としますので、必ず最後にチェックしてください。

まとめ
学年ごとの授業スケジュール

　"百科事典を引いて""その言葉の定義を知る"ことが、調べものや勉強の第一歩！　です。

　そのうえで、調べるときには調べかたの手順と知識が必要です。

　本を調べるときには"目次"と"索引"が、なにかを調べるときには「百科事典」「国語辞典」「漢字辞典」が必要です。

　この三つのなかで、できごとを書いてある百科事典は特に重要です。

　報告書を出そうと思えば、"出典"と"報告書の書きかた"を知っていること、が必要になります。

　次ページに、この学年でこれをやっておくと便利、ということを表にまとめましたので参考にしてください。

　調べるときのやりかたは、一本道の階段です。

　6歳でも66歳でも、知らなければ、はじめから一段ずつ、百科事典、目次と索引、そして、出典、と、登って行けばいいのです。

　やりかたさえ知っていれば、誰でも調べられるようになるのです。

【小学校】

学年	時間	内容
1年生 2年生	1コマ目	本の成り立ち（→62ページ）　目次と索引（→62ページ）　実際の本を見て目次と索引の確認（【練習ワーク②】→64ページ）
	2コマ目	百科事典の引きかた実演（→22ページ） 2年生は、引いた言葉と何巻の何ページに載っていたかを書く
	3コマ目	分類とは（なかまわけ）（→56ページ）
3年生	1コマ目	テーマの決めかた　ステップ1（→44ページ）
	2コマ目	報告とは（→42ページ）　報告書を書く 初級編（→82ページ） 出典の書きかたをマスター（【練習ワーク③】→72ページ）
	3コマ目	百科事典の引きかたおさらい（→22ページ）　単語に切る（→74ページ）　定義とは（→8ページ） 百科事典を引いて、定義を写す（【練習ワーク①】→28ページ）
	4コマ目	動物か食べもので自分のテーマを作り、報告書を書く（【練習ワーク④】→88ページ）
4年生	1コマ目	百科事典の定義を書き、わからない言葉を調べる（【練習ワーク①】→28ページ）
	2コマ目	百科事典を使った、テーマの決めかた　ステップ2（→49ページ）
	3コマ目	奥付（→68ページ）　出典の書きかた（→67ページ）
	4コマ目	著作権（→16ページ）　ウラをとる（→14ページ）　出典は2冊以上書く（→68ページ）
	5コマ目	報告書を書く 中級編（→90ページ）　参考文献（→99ページ）
	6コマ目	図書館の本の分類（→59ページ）
5年生 6年生	1コマ目	論文とは／仮説を立てる／論文の書きかた（報告書を書く 上級編 →95ページ）
	2コマ目	戦略を立てる　さまざまな調べかた（→54ページ）

【中学校】

学年	時間	内容
1年生 2年生 3年生	1コマ目	報告とは（→42ページ）　テーマの決めかた　ステップ1（→44ページ）　出典とは／出典の書きかた（→66ページ）　報告書とは／報告書の書きかた 初級編・中級編（→82ページ）
	2コマ目	百科事典の引きかた（→22ページ） 百科事典を使った、テーマの決めかた　ステップ2（→49ページ） 戦略を立てる（→54ページ）
	3コマ目	分類とは（→56ページ）　図書館の本の分類（→59ページ）
	4コマ目	実際に調べる前に、インタビューのしかた、アンケートのとりかた、上級編の報告書の書きかたを教える（→95ページ）

おわりに

　私がインターネットではなく、小学校と中学校では紙媒体の百科事典を使って欲しい、と思う理由は、インターネット検索はピンポイント検索で、紙媒体はフラット検索だからです。
　フラット検索というのは、図書館の本の棚を思い浮かべてくだされればわかるでしょう。図書館の棚に行けば、ここは自分は結構知っている、と思うジャンルでも、必ず自分が知らない本に出会うことができます。
　同じテーマでも、こういう切り口とこういう切り口があるんだ、ということも見えてきて、自分の狭い思考から抜け出し、広い世界に行くことができます。
　紙媒体の百科事典も同じです。
　五十音順の百科事典の利点は、これが読みたい、と思って探した記事のすぐ隣に、まるっきり関係のない単語が並んでいることなのです。
　例えばポプラディアで、ワニ、を探すと、次の見出しはワニガメ、です。ワニガメはワニではなくカメです。なので次にカメ、を見たくなります。
　フラット検索は思考の海を自由に泳ぎ、新しい発想や着眼点

が得られる検索方法なのです。

　ピンポイント検索はその逆です。

　パソコンの中は真っ暗なブラックボックスです。

　検索すると、そのなかの五つか六つ、の記事に懐中電灯の光が当たります。そこだけ！　見えるのです。懐中電灯で照らすように、パソコン画面をスクロールしていくと、前の記事はまた暗闇になってしまいます。

　そうして人間はそれを全部覚えていられるほど、記憶力がよくありません。

　そもそも、その真っ暗なブラックボックスのなかから、

＊自分が最上の情報をピックアップできたのか？

＊もっといい情報があるのではないか？

という疑惑がつきまといます。

　紙版の百科事典は、はじめからおわりまで全部読むことができます。この単語はこの本にはないのだ、と確信が持てます。

　でもインターネットの情報は、探しかたが悪いから見つからないのかもしれない、のです。

　ピンポイント検索は、探したいものがはっきりしているとき

に使うにはいいやりかたです。
　フラット検索は思考するときに、使います。
　この二つは車輪の両輪で、どちらが欠けても車は走りません。
　どちらも一長一短あり、両方とも必要です。
　でも一度、ピンポイント検索を覚えてしまうと、なかなかフラット検索を使いこなせなくなってしまいます。なので、小学校と中学校では、はじめにフラット検索をしっかり身につけて欲しいのです。
　お米というものは、水を入れて熱を加えれば、人間が消化できるものになる、というのがご飯の炊きかたの基本です。
　フラット検索は、薪でご飯を炊くやりかたです。
　ピンポイント検索は電気釜で炊くやりかたです。
　万が一、電気が止まってしまうと電気釜しか知らない人はご飯が炊けません。
　基本を知っていれば、空き缶ででも、ご飯は炊けます。
　いざというときには応用がきく、基本を教えるのが学校だと、私は思うのです。
　どんな子どもも、簡単に情報操作され、付和雷同し、悪徳商

法にだまされる大人に、ではなく、自分で情報を取りにいくことができ、その情報を元に賢く考え、使いこなすことができる大人に、なってもらいたいと思うのです。

　小学生が最初に出会うフラット検索が"百科事典"と"公共図書館や学校図書館の棚"なのです。ピンポイント検索が簡単にできるようになってしまった今！　だからこそ、使いやすい、分類が目に見える、わくわくしてフラット検索ができる百科事典や、公共図書館や学校図書館の棚、が必要です。

　子どもたちが"知ること"を心から楽しみ、そこから幸福を引き出せ、生涯精神的に豊かに暮らせる土台を作るために──。

先生のための百科事典ノート

調べ学習の授業が変わる！ブックガイド

この"百科事典ノート"では調べ学習の基本を解説していますが、
さらに多くを知っていると授業も深く、楽しくなります。
先生がたにおすすめしたい、"読むと授業が変わる本"を集めました。
★印は児童書です。

【今すぐ授業に役立つ一冊】

読み聞かせできたり、ワークシートがついていたりして、即、実践できます。

しらべる力をそだてる授業！
赤木かん子、塩谷京子/著
ポプラ社
小学校5年生1クラス、に実際に行った調べ学習授業のライブ記録です。授業ライブと司書教諭・学級担任である塩谷先生のまとめ、子どもたち自身の感想、の3本立てです。

本で調べてほうこくしよう★
赤木かん子/著　mitty/絵
ポプラ社
実際に授業で使えるワークシートつきの、調べ学習の解説本です。小学校3年生前後の、(つまり初級編ですね)の"本で調べて""報告する"に特化した1冊です。

(左)テーマって…どうやってきめるの？
(図書館へいこう！3)
(右)本って、どうやって探したらいいの？
(図書館へいこう！2)★
赤木かん子/文　すがわらけいこ/絵　ポプラ社
絵本仕立て。読み聞かせできます。
『テーマ…』ではわんぱく3人組が図書館に行き、テーマの決めかたをレクチャーしてもらいます。『本…』では、分類と本の探しかたを教えてもらいます。

調べ学習の基礎の基礎
だれでもできる赤木かん子の魔法の図書館学(改訂版)★
赤木かん子/著　ポプラ社
こちらも実際に授業で使えるワークシート・解説本です。仮説を立てる、という、(いちばんシンプルなものですが)オリジナリティのある報告書の書きかたで解説しています。

【紙芝居を作りました】

≪調べ学習紙芝居シリーズ≫★
「図書館へようこそ！」
「テーマのきめかた」
「百科事典の引きかた」
「本ってどうやってできたの？　上・下」
「本ってどうつかうの？【目次と索引】」
「報告書ってなあに？」
「報告書を書くまえに」
「報告書を書こう！」
赤木かん子/監修　きしらまゆこ/絵　埼玉福祉会
この"百科事典ノート"でもお伝えしたことを、紙芝居にしました。それぞれワンテーマ(図書館、テーマ決め、百科事典の引きかた、本の成り立ち、報告のしかたなど)を児童・生徒に読み聞かせできます。

106

A Handbook For Teachers Using An "Encyclopedia"

【よいレポートを書くには】
優れたレポートを書いて欲しいと思うなら、優れたお手本を読んでもらうのがいちばん。

サルが木から落ちる
熱帯雨林の生態学 ★
スーザン・E・クインラン/絵・文
藤田千枝/訳　さ・え・ら書房
これは中南米の熱帯雨林がテーマの論文集。表題の話は、木登りの得意な樹上猿がときどき木から落ちる、ことを発見した学者カップルが、その謎をどう追求し解いたか、の心躍る1本です。

お父さんが教える自由研究の書きかた
赤木かん子/著　自由国民社
実用的なことは文字で読むより、誰かに直接話してもらうほうが簡単。このまま、子どもに音読できる、レポートの書きかたの本です。わからないところはかみくだいて話してやってください。

ねじとねじ回し
この千年で最高の発明をめぐる物語
ヴィトルト・リブチンスキ/著
春日井晶子/訳　早川書房
"西暦1001年から2000年の間の、いちばん偉大な発明"というエッセーを頼まれた著者が、ねじとねじ回しの紀元を調べに図書館、博物館を駆けずり回る、魅力的な"調べるってどんなこと?"の答えです。

レポート・論文の書き方入門（第3版）
河野哲也/著　慶應義塾大学出版会
大学生のための報告書の書きかたの解説書。たくさんあるなかで、これがいちばんわかりやすいと思います。この"百科事典ノート"より専門的な知識を必要としているかたに――。

【図書館の基礎知識】
どんなところか知っていると、情報の宝庫、図書館を上手に使いこなせます。

図書館って、どんなところなの？
(図書館へいこう！1) ★
赤木かん子/文　すがわらけいこ/絵
ポプラ社
わんぱく3人組が図書館に本を届けて図書館の話を聞かせてもらう、というお話で、子どもたちに読んでやれる絵本の図書館情報学です。

アレクサンドリア図書館の謎
古代の知の宝庫を読み解く
ルチャーノ・カンフォラ/著
竹山博英/訳　工作舎
図書館を、理解するには、古代最大の図書館で、世界の知の殿堂、知の中心地だったアレクサンドリア図書館を知るのがいちばん。授業で使える面白ネタ満載……ですが、残念ながら品切れ。図書館でお借りください。

赤木かん子の図書館員ハンドブック
はじめて図書館で働く人のために
赤木かん子/著　埼玉福祉会
学校図書館をあずかる司書教諭と学校司書のための、いちばんわかりやすい図書館情報学の本です。

トマスと図書館のおねえさん ★
パット・モーラ/文　ラウル・コローン/絵
藤原宏之/訳　さ・え・ら書房
その司書は、移民労働者の子どもで学校も行けず、利用カードも作れないトマスを図書館に入れ、本を貸してくれました。のちにカリフォルニア大学学長になったトマス・リベラの実話。

学校図書館のつくり方
読書力アップ！
赤木かん子/著　光村図書出版
学校図書館を作るにはどうすればいいのか。大掃除から始まって棚作りまで、図書館情報学の実用書です。

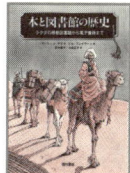

本と図書館の歴史
ラクダの移動図書館から電子書籍まで ★
モーリーン・サワ/文　ビル・スレイヴィン/絵
宮木陽子、小谷正子/訳　西村書店
古代の図書館から最新の電子図書館まで、本と図書館の歴史を、たくさんのイラストや図版を使ってわかりやすく解説してくれています。大人の入門書としてもおすすめです。

107

参 考 文 献

イリン
『本の歴史』(少年少女世界文学全集 34:ロシア編 5) 袋一平/訳　講談社、1962

印刷博物館
『百学連環——百科事典と博物図譜の饗宴』展図録　印刷博物館、2007

王圻
『三才図会』(清刊本)、清代

カレン・ブルックフィールド
『文字と書の歴史』(「知」のビジュアル百科 13) 浅葉克己/日本語版監修　あすなろ書房、2004

河野哲也
『レポート・論文の書き方入門』(第 3 版) 慶応義塾大学出版会、1997

新村出／編
『広辞苑』(第 6 版) 岩波書店、2008

スーザン・E. クインラン
『サルが木から落ちる:熱帯林の生態学』藤田千枝/訳　さ・え・ら書房、2008

スマイリーキクチ
『突然、僕は殺人犯にされた:ネット中傷被害を受けた 10 年間』竹書房、2011

玉川大学出版部／編
『玉川児童百科大辞典』誠文堂新光社、1967

寺島良安
『和漢三才図会』、1715 版

永見裕／筆録
『百学連環』(第一総論)、1870

野村泫
『ドイツの子どもの本:大人の本とのつながり』白水社、1991

パット・モーラ／文、ラウル・コローン／絵
『トマスと図書館のおねえさん』藤原宏之/訳　さ・え・ら書房、2010

ヴィトルト・リプチンスキ
『ねじとねじ回し:この千年で最高の発明をめぐる物語』春日井晶子/訳　早川書房、2010

プリニウス
『プリニウスの博物誌』中野定雄ほか/訳　雄山閣出版、1986

ブリュノ・ブラセル
『本の歴史』(シリーズ「知の再発見」双書 80) 荒俣宏/監修　木村恵一/訳　創元社、1998

モーリーン・サワ／文　ビル・スレイヴィン／絵
『本と図書館の歴史:ラクダの移動図書館から電子書籍まで』宮木陽子・小谷正子/訳　西村書店、2010

もり・きよし／原編
『日本十進分類法』(新訂 9 版) 日本図書館協会分類委員会/改訂　日本図書館協会、1995

ルチャーノ・カンフォラ
『アレクサンドリア図書館の謎:古代の知の宝庫を読み解く』竹山博英/訳　工作舎、1999

『月刊ポプラディア』2011 年 2 月号　ポプラ社、2011

『小学百科辞典』文藝春秋社、1929

『総合百科事典ポプラディア新訂版』ポプラ社、2011

『日本大百科全書』小学館、1984 年版および 1994 年版

『世界大百科事典』平凡社、1956

『ポプラディアネット』http://poplardia.net/　ポプラ社、2006〜

Bertuch, Friedrich Justin & Bertuch, Carl,
Bilderbuch fur Kinder : enthaltend eine angenehme Sammlung von Thieren, Pflanzen, Blumen, Fruchten, Mineralien, Trachten, und allerhand andern unterrichtenden Gegenstanden aus dem Reiche der Natur, der Kunste und Wissenschaften : alle nach den besten Originalen gewahlt, gestochen, und mit einer kurzen wissenschaftlichen, und den Verstandes-Kraften eines Kindes angemessenen Erklarung begleitet / von F.J. Bertuch., Weimar, 1792-1830

Diderot, Denis, Alembert, & Jean Le Rond d',
Encyclopedie, ou dictionnaire raisonne des sciences, des arts et des metiers, par une societe de gens de lettres., Paris, 1751-1780

Ephraim Chambers,
Cyclopaedia, or, An universal dictionary of arts and sciences, London, 1728

Encyclopaedia Britannica, Edinburgh : A. Bell and C. Macfarquhar, 1771

Plinius Secundus, Gaius,
Historia Naturalis., Venice: Nicolaus Jenson, 1472

★この本で例として使用した百科事典は、ポプラ社の『総合百科事典ポプラディア新訂版』、『ポプラディアネット』です。

『総合百科事典ポプラディア新訂版』

全12巻　揃定価　102,900円（揃本体 98,000円）　ISBN 978-4-591-91186-0

総合百科事典ポプラディア新訂版についてのお問い合わせ先
ポプラ社販売局　電話 03-3357-2212　フリーダイヤル FAX（ご注文）0120-53-6188

『ポプラディアネット』http://poplardia.net

【主な仕様】
・ID 版 / 個人、学校向け（ID、パスワード認証方式）
・IP 版 / 教育委員会向け（グローバル IP アドレス認証方式）
・公共図書館版
※価格、ご利用に必要な環境等については下記までお問い合わせください。

ポプラディアネットについてのお問い合わせ先
・ポプラディアネットご案内サイト　http://www.poplardia.net/what/
・ポプラディアネット・カスタマーサポートセンター
　電話 03-3357-2214　FAX 03-5919-4860　メールアドレス cc@poplardia.net

索引

あ行

芥川龍之介 …… 37
AND 検索 …… 75
インターネット …… 52、74
インターネットの特徴 …… 13
ウィキペディア …… 17
ウェビング …… 47
宇宙航空研究開発機構 …… 78
裏表紙 …… 63
ウラをとる …… 13
NDC→日本十進分類法
encyclopaedia …… 32
encyclopedia …… 32
enkỳklios paideia …… 32
OR 検索 …… 75
奥付 …… 68
オリジナリティー …… 90
オンライン百科事典 …… 76

か行

かいけつゾロリ …… 22
改竄 …… 16
解説文 …… 9（図）
仮説を立てる …… 95
学校司書 …… 60
学校図書館 …… 55
紙 …… 63
漢字辞典 …… 28
菊池寛 …… 37
『欽定古今図書集成』 …… 20
結論 …… 98
『源氏物語』 …… 21
康熙帝 …… 20
公共図書館 …… 55
項目 …… 9（図）
国語辞典 …… 28
小口 …… 22、23（図）

5W1H …… 46
『子どものための絵本：動物、植物、草花、果実、鉱物、衣装その他各種の学ぶべきものを、自然、芸術、学問の領域から集めた楽しい本』…… 36、39（写）
子どものための百科事典 …… 36

さ行

索引 …… 26、62
索引巻 …… 26、27（図）
参考文献 …… 99
『三才図会』 …… 31、35（写）
実験 …… 54
事典 …… 31
字典 …… 31
辞典 …… 31
下中弥三郎 …… 31
自由研究 …… 53
出典 …… 66
『小学生全集』 …… 37
『小学百科辞典』 …… 36、39（写）
初級編の報告書 …… 82、85（図）
序論 …… 98
調べ学習 …… 42
新聞記事 …… 80
新聞記事の出典の書きかた …… 70
背 …… 21、23（図）
正式名称 …… 25
『世界大百科事典』 …… 35（写）
責任表示 …… 69
専門書 …… 52、55
専門の辞書 …… 28
戦略を立てる …… 54
『総合百科事典ポプラディア』 …… 38
『総合百科事典ポプラディア新訂版』……
…… 22、23（写）、25（写）、27（写）、38、39（写）
『総合百科事典ポプラディア　プラス1──2005 補遺』…… 38

た行

『大百科事典』	31
大プリニウス	30
題名	63、69
『玉川児童百科大辞典』	37、39（写）
単語に切る	74
チェンバーズ『百科事典』	31、34（写）
中級編の報告書	90、93（図）
著作権	16
著作権の侵害	16、80
著作権法	16
著者	69
つめ	22、23（図）
定義	8、9（図）
定義を押さえる	10
ディドロ『百科全書』	31、34（写）
テーマ	43
テーマの軌道修正	53
テーマの決めかた	44
テーマを絞る	46
寺島良安	31
電子版の百科辞典	76
展望	99
図書館	55
図書館の本の分類	59

な行

謎	43
『南総里見八犬伝』	21
西周	32
二重鍵かっこ	67
日本十進分類法	59、61
『日本十進分類法』	61（写）
『日本大百科全書』	35（写）
捏造	16
ネット犯罪	80

は行

『博物誌』	30、34（写）
はしら	24、25（図）
発行者	69
発行所	69
発行年月日	69
「はやぶさ」	78
引く	22
人にきく	54
『秘府略』	30
百学連環	32、33（写）
百科事典	9（図）、11、20、28、30、51、102
百科全書	32
『百科全書』→ディドロ『百科全書』	
表紙	63
ピンポイント検索	102
太い数字	26
フラット検索	102
『ブリタニカ百科事典』	34（写）
プリニウス（大）→大プリニウス	
文藝春秋社	36
分冊	20
分類	56
分類体系を作る	58
平凡社	31
ページ数	63
ベルトゥーフ	36
ベルトゥーフの百科事典→『子どものための絵本…』	
報告	42
報告書	82
ポプラディア→『総合百科事典ポプラディア』	
『ポプラディアネット』	38、39（写）、76
本	20
本で調べる	54、55
本の特徴	13
"本はどうやってできたのか"という小話	62
本論	98

ま行

巻物	63
ミステリーカード	46
見出し	64
見出し語	8、9（図）、64
名誉毀損	80
目次	62
文字	63
木簡	63

や、ら、わ行

矢印（→）	26
やってみる	54
優先順位をつける	75
類書	30
レファレンス	60
論文	95
『和漢三才図会』	31、35（写）

赤木かん子　Kanko Akagi

児童文学評論家。子ども時代に読んで、題名や著者名を忘れてしまった本を探し出す"本の探偵"として1984年にデビュー。以降、子どもの本や文化の紹介、書評などで活躍。
近年は学校図書館改造実践家、一生役立つ調べ学習スキルの伝道者としても活動をつづけ、全国の小、中学校で授業を行っている。近著『改訂版　調べ学習の基礎の基礎』(ポプラ社)、『赤ちゃんが大好きな絵本』(加藤美穂子/共著、河出書房新社)ほか、著書多数。

高野文子　Fumiko Takano

漫画家。1979年デビュー。作品集『絶対安全剃刀』(白泉社)で日本漫画家協会賞優秀賞(1982年)を、『黄色い本　ジャック・チボーという名の友人』(講談社)で手塚治虫文化賞マンガ大賞(2003年)を受賞。
近年は漫画だけでなく、絵本や、装画などでも活躍している。
近著に『火打ち箱』(赤木かん子/文、フェリシモ)、『しきぶとんさん かけぶとんさん まくらさん』(福音館)など。

先生のための百科事典ノート
この一冊で授業が変わる!

2012年2月14日　第1刷発行

【著者】赤木かん子

【画】高野文子
【装幀】植田マナミ(ウエダデザイン)

【発行者】坂井宏先　【編集】松沢清美　髙橋絢子
【発行所】株式会社ポプラ社
　〒160-8565　東京都新宿区大京町22-1
　電話(営業)03-3357-2212　(編集)03-3357-2216　(お客様相談室)0120-666-553
　FAX(ご注文)03-3359-2359
　振替 00140-3-149271
　オフィシャルサイト http://www.poplar.co.jp/ (ポプラ社) http://poplardia.com/ (ポプラディアワールド)
【印刷・製本】凸版印刷株式会社

©Kanko Akagi 2012 Printed in Japan
N.D.C.002 / 111p / 21cm ISBN978-4-591-12891-6

落丁・乱丁本は送料小社負担でお取替えいたします。ご面倒でも小社お客様相談室宛にご連絡ください。
受付時間は月～金曜日、9:00～17:00です。(祝祭日は除きます。)

皆様からのお便りをお待ちしております。
いただいたお便りは編集局から著者にお渡しいたします。